英语语音教学理论与方法研究

庞 笑 著

延边大学出版社

图书在版编目（CIP）数据

英语语音教学理论与方法研究 / 庞笑著. -- 延吉：延边大学出版社，2022.4
 ISBN 978-7-230-03113-4

Ⅰ. ①英… Ⅱ. ①庞… Ⅲ. ①英语－语音－教学研究 Ⅳ. ①H311

中国版本图书馆CIP数据核字(2022)第065662号

英语语音教学理论与方法研究

著　　者：庞　笑
责任编辑：董　强
封面设计：正合文化
出版发行：延边大学出版社
社　　址：吉林省延吉市公园路977号　　　邮　　编：133002
网　　址：http://www.ydcbs.com　　　E-mail：ydcbs@ydcbs.com
电　　话：0433-2732435　　　传　　真：0433-2732434
印　　刷：北京宝莲鸿图科技有限公司
开　　本：787×1092　1/16
印　　张：13
字　　数：200 千字
版　　次：2022 年 4 月 第 1 版
印　　次：2022 年 4 月 第 1 次印刷
书　　号：ISBN 978-7-230-03113-4

定价：68.00元

前　言

语言是社会约定俗成的音义结合的符号系统。语音学习是语言学习的一个重要方面，在英语教学中的重要性不容忽视，其直接影响着学生听、说、读、写四种能力的发展。笔者在教学实践中发现，学生英语发音不好不仅影响其语言输出的质量，而且影响其听力水平的提高。帮助学生打下扎实的语音基础，是英语教师极为重要的任务。

本书对英语语音教学的理论与方法进行了详细的研究。第一章是语言与英语概述，详细论述了语言的定义、英语的起源与发展等；第二章为英语语音教学的相关理论知识，讲解了语音的性质与发音、音标、音素、语音学与音系学等；第三章介绍了英语语音教学的基本内容与我国英语语音的研究综述与教学现状；第四章介绍了英语语音教学的原则、模式与策略；第五章回顾了传统英语语音教学方法；第六章论述了现代教学模式与教学手段在英语语音教学中的运用情况。

本书在写作过程中，查阅了大量书籍、期刊等，在此谨向本书所引用资料的作者表示诚挚的感谢。诚然，因笔者学识有限、经验不足，书中难免存在疏漏，请广大读者批评指正。

庞笑
2022 年 2 月

目　　录

第一章　语言与英语概述 1

　　第一节　语言概述 1

　　第二节　英语概述 13

第二章　英语语音教学的相关理论 33

　　第一节　语音的性质与发音 33

　　第二节　音标 49

　　第三节　音素 53

　　第四节　语音学与音系学 56

第三章　英语语音教学的基本内容与现状 65

　　第一节　英语语音教学的特征与意义 65

　　第二节　英语语音教学的目标 69

　　第三节　我国英语语音研究综述与教学现状 73

第四章　英语语音教学的原则、模式与策略 82

　　第一节　英语语音教学的原则 82

　　第二节　英语语音教学的模式 94

　　第三节　英语语音教学的策略 107

第五章　传统英语语音教学方法 120
第一节　语法翻译法 120
第二节　直接教学法 125
第三节　听说教学法 130
第四节　沉默教学法 134
第五节　交际教学法 138

第六章　现代教学模式与手段在英语语音教学中的运用 148
第一节　微课在英语语音教学中的运用 148
第二节　翻转课堂在英语语音教学中的运用 164
第三节　多媒体技术在英语语音教学中的运用 178
第四节　网络教学平台在英语语音教学中的运用 186
第五节　多元互动立体化模式在英语语音教学中的运用 196

参考文献 202

第一章　语言与英语概述

语音是语言的三大要素之一,是语言的物质外壳,是语言的外部形式,是最直接地记录人的思维活动的符号体系。人类的语言首先是以语音的形式形成,世界上有无文字的语言,但没有无语音的语言,语音在语言中起决定性的支撑作用。鉴于语音和语言的关系,在了解语音之前,我们需要先来了解语言。

第一节　语言概述

语言是人类进行沟通交流的表达方式。我们用语言沟通思想,交流经验,表达爱与憎,记载今与昔。学习一门外语,有利于增长见识,提高自己的核心竞争力。所以,越来越多的人开始学习外语。

一、语言的定义

什么是语言?尽管很多语言学家已经给语言下了各种各样的定义,但是我们仍然无法总结出一个准确、规范的定义。人们对语言的研究历经数百年乃至数千年,留下了许多专著、论文。它们从不同的角度,给语言下了定义。每种定义反映了一种观点、一种理论、一段时期的研究成果。下面摘录一些较权威且具有代表性的语言的定义：

（一）《美国传统词典》（*The American Heritage Dictionary*）对语言的定义

①The use by human beings of voice sounds, and often written symbols representing these sounds, in combinations and patterns to express and communicate thoughts and feelings.

②A system of words formed from such combinations and patterns, used by the people of a particular country or a group of people with a shared history or set of traditions.

③A non-verbal method of communicating ideas, as by a system of signs, symbols or gestures: the language of algebra.

④Body language.

⑤The manner or means of communication between living creatures other than humans: the language of dolphins.

（二）《辞海》对语言的定义

语言是人类最重要的交际工具。它同思维有密切的联系，是人类形成和表达思想的手段，也是人类社会最基本的信息载体。人们借助语言保存和传递人类文明的成果。语言是人区别于其他动物的本质特征之一。共同的语言又常是民族的特征。语言就本身的机制来说，是社会约定俗成的音义结合的符号系统。语言是一种特殊的社会现象，它随着社会的产生而产生、发展而发展。语言没有阶级性，一视同仁地为社会各个成员服务。但社会各阶级、阶层或社会群体会影响到语言，从而造成语言在使用上的不同特点或差异。

（三）学者对语言的定义

语言学家从不同角度探索"语言"这一概念。美国人类语言学家萨丕尔（Edward Sapir）对语言所下的定义是："语言是人类独有的、用任意创造出来的符号系统交流思想、感情和愿望的非本能的方法。"这一定义强调了语言的若干重要方面：虽然有些动物也有与人类相似的交际系统，但语言仅仅是人类独有的方法，人类使用语言与同一语言集团的其他成员发生联系。语言不仅是交际工具，而且也是个人表达思想的手段。语言不是生来就会的，它必须被当作一个任意的习惯性的符号系统来学习。索绪尔（Ferdinand de Saussure）等语言学家指出，应把语言和言语区别开，前者是语言集团言语的总模式，后者是在某种情况下个人的说话活动。乔姆斯基（Noam Chomsky）等语言学家则认为语言是说本族语的人理解和构成合乎语法句子的先天能力，是在某一时期内说出的实际话语。马学良在《普通语言学》中指出，语言具有工具性、符号性和信息性，具体来说，语言是一种以人类的大脑为物质前提、发出的声音为物质载体，作为思维和交际工具的符号信息系统。陆俭明在《谈谈言语学》一文中写道："语言是人类借以思维和互相交际的一个音义结合的符号系统，是一个变动的音义结合的结构系统。可见，语言本身有两个方面，一是实体，二是功用。语言的实体，是一整套抽象的音义结合的符号系统；语言的功用就是人的言语行为在交际中的实际使用。语言的实体要研究，语言的功能也要研究。"

除语言学家给语言下的定义外，其他学科专家对语言的定义也有不同的看法。如人类学家认为语言是文化行为的形式；社会学家认为语言是社会集团的成员之间的互相作用；文学家认为语言是艺术媒介；哲学家认为语言是解释人类经验的工具等。

要从上述众多关于语言的定义中得出一个完整又确切的定义是不可能的，因为当今的语言学研究水平尚未达到很高层次，也因为语言涉及的面非常广，还因为我们对语言本质特性的认识有待提高。英语教师无须是语言学家，但也需对此有一定程度的了解，否则难以胜任英语教学工作。

二、语言的特点、结构以及功能

（一）语言的特点

语言是音义结合的符号。语言作为一种符号，既有一般符号的特点，也有其特有的一些特点。这些特点是语言系统内部各要素的特点及其发展变化的基础。语言符号具有任意性、线条性、社会性等。语言符号的任意性指语言符号的约定性，指语音形式和语义内容的结合没有必然的联系。语言符号的线条性是指语言符号的单位是以线性的方式呈现的，受限于发音器官的特性或者说是声音的特性。语言符号的社会性表现在：个人必须遵循社会的约定，而不能违反社会的约定。此外，语言是人类特有的交际工具。

（二）语言的结构

从内部结构来看，语言是一种符号系统，但其在信息量和结构、功能的复杂性方面远非其他符号系统所能比，如莫尔斯电码、旗语、交通信号等。语言系统是一个复杂的整体，由各个分支系统或层次构成，如音位层次、词汇层次、语法层次等。

语言成分由各种关系加以联结，成分和关系互相联系、互相制约，构成井然有序的系统。作为符号的语言单位具有两个重要方面，一是表现方面，即语音；二是内容方面，即语义。在语言单位中，音和义的结合是约定俗成的，什么样的语音形式表达什么样的意义内容，什么样的意义内容用什么样的语音形式表现最初是任意的。

目前世界上有多达几千种语言。据联合国教育、科学及文化组织（以下简称"联合国教科文组织"）发布的《世界濒危语言图谱》所述，全世界有约 7 000 种语言，其中一半以上将在 21 世纪消亡，80%~90% 将在未来 200 年灭绝，平均每两个星期就有一种语言消失。据统计，世界上 80% 的人讲 83 种主要语言，而剩下 6 000 多种语言绝大多数从没有过文字记载。这些语言没有出现在字典、书中，在任何图书馆或数据库都找不到它们的资料，所有信息只储存在人们的记忆里，因此尤其脆弱。德国学者汉斯·约阿西姆·施杜里希（Hans Joachim Störig）在《世界语言简史》（第 2 版）导言中也提到，地球上语言的数量"应该在 6 000 种以上""据估计有二分之一正在面临着逐渐消失的危险"。另据德国出版的《语言学及语言交际工具问题手册》所述，现在世界上查明的有 5 651 种语言。在这些语言中，有 1 400 多种还没有被人们承认是独立的语言，或者是正在衰亡的语言。

世界上之所以有几千种语言，是因为人类创造语言时在选择语音形式、表达内容方面的不一致。语言的内部结构是一种语言区别于另一种语言的关键所在。不了解一种语言的内部结构，就无法辨认该语言的语音或书写的符号，就不能从中获取语义。没有掌握英语内部结构的人难以辨别 26 个字母按照不同方式排列组合后所表达的意思,不懂汉语的西方人也只会把汉字当成是奇形怪状的线条组合。然而,理解了语言的内部结构也并不意味着完全掌握该语言符号的意义,即语义。要想掌握语义,除要了解和掌握这种语言的内部结构外,还要了解和掌握该语言的外部结构,即文化结构。一种语言的文化结构是使用该语言的人或民族的生活方式的总和,包括地理环境、民间传说、寓言神话、社会历史、风俗习惯、宗教信仰、价值观念、科学技术、文学艺术等。语言对物体或现象的指代是通过文化结构来实现的。生活在不同文化环境的人,对同一个语音或文字符号的理解是不同的。例如,生活在南半球的澳大利亚人对 Christmas(圣诞节)的理解就与生活在北半球的英国人和美国人不同,因为澳大利亚的圣诞节是在夏天,而英国和美国的圣诞节却在冬天。

(三)语言的功能

语言具有多方面的功能,这里择其要点概述如下:

1. 语言是交际的工具,供人们用来传递和交流信息

语言可以传递人际、管理、法律、经济、军事、文化等信息。离开这些信息,人类社会就无法运行。语言把人们聚合在一起,组成社会。诚然,语言还有其他功能,交际还有其他手段,但语言是人类交际最有效的手段,任何其他的交际手段都无法与之相比。

2. 语言可以用于认识世界

语言系统中对事物的分类是人们认识世界的一种中介。语言中的词语系统是历史上形成的概念体系,后人在认识事物时都会以语言中既有的这种分类体系为参照。比如从色谱来看,人眼可以感觉出来的颜色是一条连续带,但是不同语言中却划分为不同数量

的颜色词。汉语中一般认为颜色有七种基本色：赤（红）、橙、黄、绿、青、蓝、紫（不包括黑和白以及介于两者之间的灰），而有的语言中却分为五种、四种或者更少。那么，这种颜色词的系统就成为我们观察自然界颜色的基本分类框架，遇到非典型的颜色我们就会把它归到我们语言中的分类当中来。再如有的语言当中只有各种树的名称，而没有总括的"树"的词（概念）。我们看到一种树时会首先判定它是树，然后再分辨是哪种树；而在没有"树"这个词（概念）的民族中，看到一种树就会直接分辨它为哪种树。所以，在科学研究中常常需要设立新的概念或对原有的概念进行重新限定。不过，即使是新的科学术语，仍然是采用了语言中的词或词组的形式。如上所述，我们通常是透过语言来观察世界的，所以语言会对人们的观察产生积极作用或是干扰作用，但是，这并不是说语言能够决定我们的世界观。我们对世界的认识既借助于语言，又不完全依赖于语言。

3. 语言是文化信息的容器和载体

语言作为文化的一部分，它不仅是一种文化现象，更是文化的载体。许国璋在《许国璋论语言》中指出，语言是一个符号系统，当作用于文化的时候，它是文化信息的容器和载体。也可以说，语言是人类文化的贮存库和凝聚体。这也就是为什么我们可以通过读书、学习来获取知识，而不用事事亲身实践。反之，如果没有语言作为文化信息的容器和载体，获取知识的唯一途径就只能是亲身实践。这样会大大限制人类知识的发展，人类也就绝对达不到现在的文明程度和发展水平。

4. 语言是重要的思维工具

抽象思维过程中以语言为工具，抽象思维的成果主要由语言表达。语言与思维相互依存、相互促进，思维离不开语言，语言更离不开思维。如果没有抽象思维，词义就很难形成；如果没有抽象思维，词与词之间的联系就无法建立，也就无法组成句子；如果没有抽象思维，话语也不能被理解。从根本上说，如果没有抽象思维，也就没有语言。鹦鹉学舌，之所以只是学舌而不能说它掌握了语言，就是因为鸟类不具有抽象思维能力，而只能根据声音印象来机械地"学舌"。在高等动物具有的具体思维的基础上，人类最初产生了简单的语言，而语言符号的确立为抽象思维的产生和发展奠定了基础；抽象思维的发展又进一步促进了语言的发展。两者相互促进，同时也带动了人类思想的交流，从而促进了人类智慧的迅速提升，促进了生产力的提高。

三、语言观

不同的语言观往往有着不同的语言教学理论和语言教学方法。下面介绍几种主要的语言观。

（一）传统的文法翻译观

传统的文法翻译观认为语言是把词连成句子的规则，即语法。语法是一套规则，是语言的核心。人们按规则说话，按规定办事、行事，而这些规则、规定多半由拉丁语语法衍生而来。翻译则是学习语言的目标，也是学习语言的方法。因此，语言是一套规则，语言学习均以语言形式为主，强调记忆语法规则。死记硬背、满堂灌则是这种语言观下学习和教授语言的特征。

（二）行为主义语言观

行为主义语言观是指根据行为主义心理学刺激-反应说理论而提出的对于言语行为的说明的语言观。行为主义语言观认为，语言学习是一种习惯养成的过程，只要养成了语言习惯就算学到了语言。行为主义产生于 20 世纪初的美国，代表人物是美国心理学家华生（J. B. Watson）。行为主义者主张对人类行为进行客观的研究，强调采用实证主义的方法研究可观察到的行为。刺激-反应理论是行为主义的重要理论。通过条件作用，人们建立起刺激与反应的联系，并通过建立一系列的反应学会复杂的行为。行为主义者将刺激-反应理论应用于语言研究，视语言为一种人类行为，认为语言和人类的其他行为一样。

（三）结构主义语言观

结构主义语言观指出，语言是一个社会约定的符号系统，是由从音素到句子不同层次上的结构成分组成的系统。该系统通过直接成分分析，把语言切分成音素、语素和句子成分，然后描写出语言复杂而规律的结构。结构主义语言观对语言内部结构和规律的研究，丰富了我们对语言组织成分和结构内容的认知。然而，它孤立、抽象地看语言，只注重语言本身的结构却忽视了语言的社会功能。结构主义语言观的兴起对语言教学影响极大，这种语言观认为，学习者只要学会语言发音和组音成词规则，学会了构词法、语法，可以由此组词成句，就学会了这种语言。英国著名的语法学家霍恩比（A. S. Hornby）潜心研究出英语的 25 种动词句型、6 种名词句型和 3 种形容词句型，基本涵盖了英语句子结构，这是句型研究上的突破性进展。

受结构主义语言观的影响，我国外语教学整体效果不佳，经过中学、大学十年左右的外语学习，大多数学生的外语交际能力还无法适应我国对外开放和社会发展的需求，仍需提高。目前，我国外语教学仍存在许多问题，如有些教师没有正确认识教与学的关系；有些教师把字典和教科书当成"圣经"，不敢违抗，知识面狭窄等。

（四）交际法的语言观

交际法的语言观强调，语言是人类交际的工具，是用以建立和维持人与人之间关系的载体。交际法的语言观认为，语言是表达意义的系统，其基本功能是社会交际，语言学不应仅仅研究语言的形式，更要关注语言要完成的社会功能以及语言在人们社会交往中受到的制约因素。因此，第二语言教学的目的不仅是让学习者掌握语言规则、能正确地运用语言，更要掌握语言的使用规则，得体地运用语言。

我国的语言观与国外的语言观相似，经历从文法翻译到语言技能再到交际能力的发展过程。我国现在的语言观基本上是对国外语言观点的综合，例如本节中《辞海》对语言的定义。目前，我国外语教学界在提高学生的外语交际能力方面已达成共识。

四、母语、第二语言和外国语

由《美国传统词典》可知，语言可分成五类，而其中的人类自然语言可以分成母语、第二语言和外国语。它们的定义不同，对语言教学产生的影响也不同，值得深入研究。

（一）母语

母语（mother tongue）亦称本族语（native language）、第一语言（first language），前两个术语同义，一般可以互相替换，第三个术语与第二语言相对，英文中一般简写为 L1。芬兰的社会语言学家斯库特纳布-坎加斯（Tove Skutnabb-Kangas）提出了四种关于母语的不同定义：

（1）母语是一个人最先学习的语言，也被称为一个人的第一语言。这种定义是把一个人学习的第一种语言定为他的母语，其基于的设想是：一个人的第一语言是他的父母所讲的语言，因而他不必依靠父母或他人教授而可以自然地学会。

（2）母语是一个人在一定时期内掌握得最好的语言（技能性定义）。

（3）母语是一个人在一定时期内使用最多的语言（功能性定义）。这种定义下的语言有时也叫主要语言。

（4）母语是一个人识别自己或被他人识别的语言（识别性定义）。

后三种母语的定义承认一个人可以在今后的生活中改变母语。这三种定义认为，一个人能够将另一门语言学得相当好，达到母语的水平，或者一个人在某种环境下，不得不运用另一种语言，达到第一语言的程度，再或者，一个人也许转而从属于另一语言群体，因此他更多地使用另一种语言识别自己，而不是原有的母语。

此外，有人认为，母语原本是指人在幼年通过和同一语言集团成员接触而自然掌握的语言，主要靠自然习得。父母是启蒙教师，家庭和社会是课堂。幼儿以模仿为手段，自然而然形成语感。还有人认为，母语还可以指同一语系中作为各种语言的共同始源语言。例如，拉丁语被认为是罗马尼亚语、意大利语、法语等罗曼语的母语，在此母语并非完全与本族语对等。

（二）第二语言

第二语言（second language）与第一语言相对，英文可简写为 L2。联合国教科文组织给其下的定义是：除本族语以外的任何一种语言。这也是第二语言习得（Second Language Acquisition, SLA）理论中第二语言的含义。这个定义实际上混淆了第二语言与外语。《语言教学的基本概念》一书中给第二语言总结出两个定义。第一个定义指习得本族语后学习到的任何一种语言。这里又有两层意思：一层意思是在本族语掌握还不完全的早期就开始学习的语言；另一层意思是在本族语基本掌握完全的成年时学习的语言。第二个定义指语言掌握的程度。因为后学习的语言，掌握程度弱于或低于先习得的本族语，所以称作第二语言。

除上述定义外，第二语言还指在某些国家或地区中特定的某种语言。例如，在马来西亚、尼日利亚、印度，人们学习的第二语言是英语；在加拿大魁北克省，人们学习的第二语言是法语或英语；在我国吉林省延边朝鲜族自治州，汉族人学习的第二语言是朝鲜语和朝鲜族人学习的第二语言是汉语。这种定义下的第二语言，习得有两个条件：第一个是必须有社会环境，即讲这种语言的场合（一般在一个国家内）；第二个是一定有讲这种语言的人群可接触。这种定义下的第二语言，语言水平可达到相当高的程度，通常具有官方地位和公认的社会功能。

（三）外国语

外国语指外国的语言，即非本国人使用的语言，某一地区的本土居民不使用的语言，通常不是儿童时期习得，而是要通过正式的语言教学才能习得。在一个国家内，外国语一般不具有一定的官方地位和公认的社会功能。对于英国人来说，法语、西班牙语就是外国语；对于中国人来讲，日语、俄语等就是外国语。

第二节　英语概述

英语是印欧语系中西日耳曼语支下的一种语言，是英国、美国、澳大利亚、加拿大、爱尔兰、新西兰、新加坡等国家和地区的母语或官方语言，也是联合国工作语言之一，是世界上最流行的语言。英语是一种非常神奇的语言，其经历非同一般。起先，它只是西日耳曼语支下的一个小语种，"出身"低微，在历史发展过程中，有几次险些消亡，可如今却成了国际性的语言，成了名副其实的国际交流工具。

一、英语的起源

据文物考证显示，史前的大不列颠岛上居住着旧石器人。那时，大不列颠岛和欧洲大陆是连成一片的，还没有今天的英吉利海峡和多佛尔海峡，莱茵河（the Rhine）与泰晤士河（the Thames）之间尚由其支流相接，今天的英国仍属欧洲大陆的一部分。大约在距今9 000年的时候，由于地壳变迁，大不列颠岛从欧洲大陆分离出来，史前的旧石器人在大不列颠岛定居下来。大约在公元前3000年，伊比利亚人（Iberians）从地中海地区来到大不列颠岛定居。他们给大不列颠岛带来了新石器（Neolithic）文化，同时征服了在那里居住的旧石器人。大约从公元前500年开始，凯尔特人（Celts）从欧洲大陆进犯并占领了大不列颠岛。凯尔特人最初生活在今天德国南部地区，他们是欧洲最早学会制造并使用铁器和金制装饰品的民族，在征服大不列颠岛之前，他们曾征服了今天的法国、西班牙、葡萄牙、意大利等地区。后来一部分凯尔特人在今天的爱尔兰和苏格兰定居下来，另一部分凯尔特人占领了今天的英格兰的南部和东部。每到一处，他们都对伊比利亚人进行残酷的杀戮。凯尔特人讲凯尔特语，今天居住在苏格兰北部和西部山地的盖尔人（Gaels）仍使用这种语言。在英语形成之前，凯尔特语是在大不列颠岛上发现的唯一具有史料依据的语言，今天这个岛屿的名字就是源自凯尔特族裔的名称 Briton（不列颠人，也有学者译作"布立吞人"）。

公元前55年，罗马帝国的恺撒大帝（Julius Caesar）在征服高卢（Gaul）之后来到大不列颠岛。第二年，即公元前54年的夏天，恺撒大帝第二次亲临大不列颠岛，罗马人从此在大不列颠岛站稳了脚跟，但在此后的大约100年间，罗马帝国并没有对大不列颠岛构成很大的威胁。英国历史上真正的"罗马人的征服"是从公元43年开始的。当时罗马皇帝克劳狄一世率领四万人马，用了三年时间征服了大不列颠岛的中部和东南部。随后，整个英格兰被罗马牢牢控制了，罗马文化与风俗习惯开始渗入大不列颠岛，拉丁语在大不列颠岛开始传播。那时，官方用语、法律用语、商业用语等均是拉丁语，而凯尔特语则难登大雅之堂。在今日英语中，只是一些地名和河流名称还保留着凯尔特语的词汇成分。例如，the Thames、the Cam、the Derwent、the Ouse、the Severn、the Tees、the Trent、the Wye 等，均是凯尔特人命名的河流；在 Winchcombe、Cumberland 等地名中，也可看到凯尔特语 cumb 一词的成分；英国著名城市多佛（Dover）、约克（York）的名称也源于凯尔特语。

公元 406—407 年间，罗马人因罗马帝国内外交困而不得不撤离大不列颠岛。公元 449 年，来自北海沿岸的三个日耳曼部族——盎格鲁人（Angles）、撒克逊人（Saxons）和朱特人（Jutes）乘虚而入，大举侵犯大不列颠岛，但遭到了凯尔特人的顽强抵抗，征服过程长达一个半世纪之久。到了 6 世纪末，大不列颠岛上的凯尔特人几乎灭绝，幸存者或逃入山林，或沦为奴隶。随着时间的推移，盎格鲁人、撒克逊人和朱特人逐渐形成统一的英吉利民族，他们各自使用的方言也逐渐融合，形成了一种较为统一的新语言，即盎格鲁-撒克逊语，这便是古英语。盎格鲁人在拉丁文和早期日耳曼语中被称为"安格利人"（Angli），后经过古英语前元音音变成了 Engle。由于他们在三个部落中人数最多，势力最大，所以 Englaland（盎格鲁人的国土）就成了这块土地的统称，即英国，Englisc（盎格鲁人的语言）就成了他们的共同语言——英语。由于语言内部的发音和拼写方面发生了演变，后来 Englaland 和 Englisc 最终演变成了现代英语中的 England 和 English。

二、英语的发展

我们通常将英语的发展分为三个时期：古英语时期、中古英语时期和现代英语时期。

古英语时期从盎格鲁人、撒克逊人、朱特人的入侵（5世纪中叶）开始至诺曼人（Normans）占领英国（11世纪中叶）为止；中古英语时期包括11世纪中叶至1500年这段时间；从1500年至今为现代英语时期。为便于研究，我们通常把1500年至1700年间的英语称作"早期现代英语"，而把1700年至今的英语称作"后期现代英语"。这样的划分当然不是绝对的，但有助于我们对英语发展历程的了解和研究。

（一）古英语

公元450年至公元1150年期间的英语通常被称为古英语。这个时期的英语包括四种主要方言：①诺森伯里亚方言，即洪伯河以北的方言。②梅尔西亚方言，即洪伯河与泰晤士河之间的英国中部地区方言。③肯特方言，即在英国东南部地区定居下来的朱特人说的方言。④西撒克逊方言，即在泰晤士河以南定居下来的撒克逊人说的方言。诺森伯里亚方言和梅尔西亚方言主要在盎格鲁人居住的地区使用，因此这两种方言有时又合称为盎格里亚方言。最初文化较发达兴旺的地区是使用诺森伯里亚方言的地区，又以约克为中心。到了公元9世纪，由于遭到斯堪的纳维亚人（Scandinavians）的大规模入侵，英国的文化中心从诺森伯里亚移至西撒克逊地区。后来，西撒克逊方言逐渐成为标准古英语。今天我们在探讨古英语的特点时，往往以西撒克逊方言所遗留下来的史料为依据。

古英语最独特的地方在于它的语言系统和记录语音的方式。例如，元音从一开始就处于不断变化中，而辅音相对比较稳定。当时人们用作语音记录的是一种碑铭文字，又叫秘符体字母。后来，他们跟一些爱尔兰僧侣学会了使用拉丁字母，但是仍然没有拼写规则，没有正规字法，同样一个词常常写得前后不一致。古英语的另一个显著特色就是它的词形"曲折",变化相当丰富。名词、形容词都根据性、数、格三个标准而有不同的词尾,动词也有多达 14 种不同的变化形式。词尾的变化虽然纷繁复杂,但因此保证了词的独立性,句子成分的排列也就相当灵活。

古英语属于综合性语言,现代英语属于分析性语言。古英语的拼写和读音与现代英语有很大差异。在今天的英国人看来,古英语如同一门外国语,人们必须对古英语进行专门的研究学习,才能读懂。古英语的语法特点与现代德语相近,具有明显的曲折形式,名词、形容词、动词、代词等均有复杂的词尾变化。古英语时代是词尾曲折的全盛时期,由于古英语具有较强的曲折形式的特点,古英语的句子语义像拉丁语一样,不完全依赖于词序。这主要表现为复合法是重要的构词方法,复合词在古英语词汇中占有显著的地位。有些复合词中不重读的部分,渐渐失去独立地位而演变为词缀,如 for-、in-、-ful 等。派生法在古英语中也广泛使用,共有 24 个名词后缀、15 个形容词后缀,如-dom、-hood、-ship、-ness、-the、-ful、-ish 等词缀都可溯源到古英语时期。古英语时期诗歌有一种特殊的修辞手法,即头韵(alliteration),由此产生的许多短语一直保留至今,如 friend and foe(敌友)、a labour of love(出自喜爱而做的事)。

古英语时期有两个重要历史事件,给英语词汇带来了较大影响。第一件事是基督教传入英语。公元 597 年,一个名叫奥古斯丁(Augustine)的牧师从罗马到英国传教,罗马文化随着基督教传入英国的同时,一批拉丁词也进入英语。第二件事是北欧人入侵英国。从公元 790 年开始,大批斯堪的纳维亚人在英国定居,所以有许多斯堪的纳维亚各国的词语进入英语。古斯堪的纳维亚语中有许多词和盎格鲁-撒克逊语相似,以至于很难区分开来，例如，are、they、their、them、call、die、give、take、skin、sky、ill、weak 等。早在盎格鲁-撒克逊人入侵之前，大不列颠岛居民就和罗马人有着千丝万缕的联系，并引入了相当多的拉丁词汇。例如，bargain（议价）、cheap（便宜）、pound（英镑）、cup（杯子）、dish（盘子）、wine（葡萄酒）等。在漫长的古英语时期，拉丁语中的词汇不断被引入英语中，在基督教传入英国以后，引入的大量拉丁语词汇也均与宗教有关。许多词汇至今仍被沿用，如 altar（祭坛）、candle（蜡烛）、disciple（信徒）、hymn（赞美诗）、priest（牧师）、pope（教皇）、temple（庙宇）等。

古英语时期虽然拉丁语是西欧唯一的学术性语言，但人们也开始用英语作为艺术表达的工具，创作出许多英语文学作品。这些作品主要以诗歌为代表，绝大部分内容与基督教有关，如民族史诗《贝奥武夫》等。根据英国史料的记载，有据可查的英格兰最早的诗人是凯德蒙（Caedmon），著有英国文学史上最早的诗集《凯德蒙赞美诗》（*Caedmon's Hymn*）。9世纪末，阿尔弗雷德大帝（Alfred the Great）主持编写了《盎格鲁-撒克逊编年史》（*Anglo-Saxon Chronicle*），这是用英国当地语言写史的开端。

（二）中古英语

中古英语时期是从公元 1150 年—公元 1500 年。公元 1066 年，诺曼人在征服者威廉（William the Conqueror）的率领下，横渡英吉利海峡，在哈斯丁战役中击溃了盎格鲁-撒克逊军队，英王哈罗德战死，英国被征服。这在历史上被称为诺曼征服（Norman Conquest）。自诺曼人征服英国后，法语便强烈地影响这一地区。法语作为官方语言在社会、文化等很多领域中被广泛使用，但是大多数人还是说英语，直到 15 世纪末，英语再次成为整个国家的语言。

这一时期的英语废弃了古英语中大部分词汇，引入了成千上万的法语词汇，这些词汇多源于拉丁文。英语中的法语词汇随处可见。例如，宗教方面的词汇，baptism（洗礼）、confess（忏悔）、divine（神的，牧师）等；法律和政府行政方面的词汇，judge（审判）、jury（陪审团）、justice（公平）、government（政府）、parliament（议会）、state（州）等；军事方面的词汇，conquer（征服）、sergeant（警佐）、victory（胜利）等；服饰方面的词汇，coat（大衣）、dress（连衣裙）、gown（女礼服）、robe（礼袍）等；文学方面的词汇，chapter（章节）、poetry（诗歌）、prose（散文）、rime（白霜）等；医学方面的词汇，medicine（药物）、remedy（治疗）、surgeon（外科医生）等。

在中古英语时期，英语经历了剧烈变化。到了中古英语末期，英语已逐渐具有词根语（如汉语）的特性，而且这个趋势一直在延续着。语言发展的趋势是从综合到分析，从词形的多变化到词形的无变化。这一变化对英语词汇的发展影响深远，为日后大量的借词——主要是希腊语词、拉丁语词进入英语铺平了道路。

随着众多的法语借词被吸收进英语，一些法语和拉丁语的词缀也被英语化（anglicized），成为英语构词的重要素材。如前缀 dis-（distrust）、en-（enrich）、inter-（intermingle）、mal-（maladjustment）、non-（nonage）、pre-（preconceive）、re-（reenter）、sub-（subtenant）等；后缀-able（believable）、-age（peerage）、-al（rehearsal）、-ancy/-ency（vacancy/innocency）、-ate（translate）、-ory（transitory）、-ance（hindrance）、-ant/-ent（occupant/resident）、-ician（geometrician）、-ise/-ize（epitomise/fertilize）等。与此同时，

有些英语本族语的词缀反而被废弃不用了。在复合词的构成格式方面，也吸收了法语的一些特色，例如，名词＋形容词（如 knight-errant，游侠骑士），副词＋过去分词（如 bygone，过去的）等。语言学家将这些现象称为英语的罗曼语化。这就是从谱系关系看，英语与德语同族，但现代英语的词汇和法语更相近的原因。

大量法语词汇的涌入，也使英语词汇的词义有了变化。有一些英语固有的词语被淘汰了，有一些虽然还存在，但词义范围有所改变，或者带上特有的文体色彩和感情色彩。例如，wed 在古英语中指"结婚"，但在中古英语时期传入了法语词 marry，英语中表示"结婚"的意义渐渐由 marry 来表示，wed 只用于引申意义中；它的动名词 wedding 还是一个常用词，但只限于指"婚礼"。在这一时期，作为文学语言的英语也许曾一度黯然失色，但却从未消灭。阿尔弗雷德大帝的编年史还在继续用英语编写，12 世纪末就产生了一部宗教性散文的杰作《修女戒律》（*Ancrene Riwle*），这种完美而又得体的散文体由作家们一直延续到 16 世纪。从 13 世纪中叶起，人们越来越多地模仿法国的骑士传奇，其中的《高文爵士和绿衣骑士》（*Sir Gawain and the Green Knight*）代表了骑士文学的最高成就。它用头韵体诗写成，描述了亚瑟王属下一名圆桌骑士的奇遇。14 世纪后半叶，被称为"英国诗歌之父"的乔叟（Geoffrey Chaucer）创作出《坎特伯雷故事集》（*The Canterbury Tales*），取得了很高的艺术成就。乔叟用优美、活泼的韵文，描写了一群去坎特伯雷朝圣的人的神态言谈。他们来自不同阶层和行业，各人所讲的故事或雅或俗，揭示了多方面的社会现实。乔叟首创了诗歌的双韵体——每两行押韵的抑扬格五音步（iambic pentameter），后被许多英国诗人采用。乔叟用伦敦方言写作，促进了英语语言文学的发展。下面援引该作品总序（The General Prologue）中的一段：

Whan that Aprill with his shoures soote,

The droghte of March hath perced to the roote,

And bathed every veyne in swich licour,

Of which vertu engendred is the flour;

Whan Zephirus eek with his sweete breeth,

Inspired hath in every holt and heath,

The tendre croppes, and the yonge sonne,

Hath in the Ram his halfe cours yronne,

And smale foweles maken melodye,

That slepen al the nyght with open ye，

(So priketh hem Nature in hir corages)；

Thanne longen folk to goon on pilgrimages…

这段诗文的中文意思是：

四月时分，甜蜜的阵雨飘落，

穿越干旱的三月，浸透了万物的根部，

把强力酒精的每一根经络浸泡，

草木发芽，渐次生花；

西风呼出甜美的气息，

席卷了荒地和林丘，

嫩枝和嫩叶，青春的阳光，

在白羊星座走了一半的历程，

无数小鸟通宵达旦睁着眼睛，

此时齐声歌唱

（大自然骚扰着它们躁动不安）；

这时，人们渴望走上朝圣之路……

下面是经现代英语改写后的文字，试对照：

When in April the sweet showers fall,

That pierce March's drought to the root and all,

And bathed every vein in liquor that has power,

To generate therein and sire the flower;

When Zephyr also has with his sweet breath,

Filled again, in every holt and heath,

The tender shoots and leaves, and the young sun,

His half-course in the sign of the Ram has run,

And many little birds make melody,

That sleep through all the night with open eye,

(So nature pricks them on to ramp and rage);

Then folk do long to go on pilgrimage...

此外，中世纪文学中涌现了大量的优秀民谣，最具代表性的是收录在一起的咏唱侠盗罗宾汉（Robin Hood）的民谣。这些民谣生动地讲述了一群农民劫富济贫、打击教会僧侣和执法吏的事迹，传诵至今。

（三）现代英语

现代英语时期是从公元 1500 年至今这段时期。人们常把公元 1500—1700 年的英语称作"早期现代英语"，公元 1700 年至今的英语称作"后期现代英语"。这一时期出现的文艺复兴运动给英语带来了巨大的影响。

早期现代英语时期，对英语词汇影响最大的是文艺复兴运动。这一时期强调研究古希腊、古罗马文化，以对抗中世纪的封建文化。于是许多外来词，主要是拉丁语和希腊语的词语传入英语，成为英语的书面语和术语词的基本部分，同时也为英语提供了大量的同义词。希腊语词和拉丁语词进入英语后有的保留了原来的形式，如 climax、appendix、exterior、axis 等；有的失去了词尾，如（括号内为拉丁语）consult（consultare）、exclusion（exclusioneum）、exotic（exoticus）等；还有的改变了词尾，使之更适合英语的形式，如形容词词尾-us 变成了-ous 或-al，名词词尾-tas 变为-ty。人文主义学者们对语言抱着兼收并蓄的态度，从希腊文、拉丁文和法文中借用了大量词汇以丰富英语的表达方式，同时注意从古罗马文学和法国文学中汲取文学创作的灵感和素材。莎士比亚就是英国文艺复兴时期的杰出代表。他的十四行诗真挚感人，戏剧作品情节引人入胜。他还是一位语言大师，在创作过程中，他把外来语和本族语巧妙地结合起来，大大丰富了英语的词汇，增强了英语的表现力。据统计，他一共运用了 2 万～2.5 万个词。不过，学术界对莎士比亚所使用的词汇数量见解不一，一说具体数字是 43 566 个，这是使用计算机考证的结果。现今人们日常使用的英语词汇中，很多是由这位语言大师第一次使用而成为英语词汇的，或者是因为他的使用而使原来的词义发生了根本性的变化。至于莎士比亚到底给英语创造了多少词汇，有人说几百个，有人说上万个，但学术界公认的是 1 500 个左右。以《麦克白》(*Macbeth*) 中的一小段独白为例：

"Will all great Neptune's ocean wash this blood clean from my hand? No, this my hand will rather the multitudinous seas incarnadine, making the green one red."

这段独白的意思是：大洋里所有的水，能够洗净我手上的血迹吗？不，恐怕是我这一手的血，倒要把一碧无垠的海水染成一片殷红呢。

这里的形容词 multitudinous 和动词 incarnadine 都是外来语，动词 make 和形容词 green、red 都是本族语。外来语和本族语相辅相成，取得了生动的艺术效果。莎士比亚的创作表明，英语是一种具有很强的感染力和说服力的表达工具，其形式相当灵活，可适用于各种体裁和题材。

这一时期的英语不仅是文艺和学术的表达工具，其间的宗教改革运动还使它成为神学家的语言、礼拜祈祷的语言和宗教的语言。1611 年出版的钦定版《圣经》(King James Version of the *Bible*) 当可视为一部无与伦比的散文杰作，其文体质朴，语言优美，长期以来被认为是现代英语句子结构和文体的楷模。

1662 年，英国皇家学会（The Royal Society）正式成立，它是为推动自然科学和应用科学的发展而设立的独立的英国国家科学院。英国皇家学会成立于近代科学革命的后期，当时经历文艺复兴运动洗礼，地理大发现、宗教改革和近代科学革命全过程的英国，资本主义工商业正蓬勃发展，圈地运动和毛纺工业的大发展导致资本主义向海外扩张和发展国际贸易，受此影响，从罗马教廷脱离出来的英伦三岛教会的自由意识极大增强。海上运输的强烈要求使造船技术、水文学、天文观测、结构计算、材料技术和防腐蚀的化学处理等得到发展。因此，从事国际贸易的富商巨头们，非常需要刚从神学家中分化出来的自然科学家和科技人员为其提供科技支持。英国皇家学会提倡用质朴的英语探讨哲学和自然科学。从此，英语逐渐代替拉丁文成了哲学和自然科学的语言，这就要求它更准确、清晰、合乎逻辑，更有说服力。

17世纪英国文学家德莱登（John Dryden）澄清了英语的句法，早期现代英语发展成了一种相当成熟的语言。

英语的发展一直受到两种趋势的影响：一是使之更丰富、典雅；二是使之保持纯洁、朴素。早期现代英语发展成为后期现代英语，主要是第二种趋势在起作用。启蒙运动使18世纪成了一个理性的时代，启发人们反对封建传统和宗教的束缚，提倡思想解放、个性发展等。启蒙运动与文艺复兴运动一脉相承，但就思想内容而言，应当说启蒙运动思想家远比文艺复兴时期的思想家全面、深刻和彻底得多。他们要求英语的读音、拼写、词义、句法等都得有一个统一的标准，于是产生了对字典和语法书籍的迫切需求。1755年，约翰逊博士（Samuel Johnson）编纂出版了《英语词典》（*A Dictionary of the English Language*），在长达150年的时间里，这部词典一直是最权威的英语词典，直到20世纪初才被《牛津英语词典》取代。有兴趣的读者可参阅已成为英语名篇的《致切斯特菲尔德伯爵书》(*Samuel Johnson's Letter to Lord Chesterfield*),该文在揭穿切斯特菲尔德伯爵(约翰逊为编纂词典向此君求助未果)沽名钓誉的过程中,展示了约翰逊过人的说理才智和卓越的语言才华。《英语词典》第一次把英语作为全民语言记录下来,对书面语、惯用法和拼写法的规范化起到了前所未有的积极作用,从此以后现代英语大体定型。另外,当时还接连出版了许多语法书籍,英语的准确程度和清晰程度得以大大增强。

现代英语发展变化最显著的特征就是词汇大大增加,这种变化与社会政治、经济、文化的发展息息相关。从 17 世纪开始,英语随着英国国际贸易和开拓殖民地的活动走向世界各地,与世界各地的民族和文化都有了接触,吸收了数千个新词,使词汇变得更为国际化了。例如,源自波斯语的 bazaar(集市)和 shawl(披肩),源自土耳其语的 kiosk(凉亭)和 coffee(咖啡),源自印地语的 nabob(富翁),源自日语的 soy(酱油),源自马来语的 orangutan(猩猩)和 paddy(稻)等。与此同时,由于英国与法国一直保持着密切关系,法语词仍然源源不断地传入英语。这一时期传入英语的法语词很多保留了法语在发音和拼写上的特征,如 protégé(被保护的人)、chaise(一种轻马车)。19 世纪的英国产业革命促进了科学技术的发展,英语词汇也大幅度增加。古英语词汇只有 5 万~6 万个,而现代英语词汇却有 65 万~75 万之多,英语中出现了大量动词短语,表达方式变得更加灵活生动,而且英语的用法也比以前更加规范。

20 世纪以来,全球经济迅猛发展,科学技术日新月异,国际商贸、文化交往日益频繁,英语成为一种国际语言,在国际交往中起着举足轻重的作用。

三、英语——新世界语

1887年,波兰查门霍夫博士(Zazarz Ludwik Zamenhof)以超人的智慧和满腔热情发明了超越民族界限的"国际普通话"——世界语(Esperanto),旨在为不同语言人群的交流提供便利,能够帮助人们跨越语言、肤色、种族、地域等界限,用同一个身份——世界公民来平等、友好地相处,而并不打算用来取代任何民族语。一百多年过去了,世界语并没有成为世界通用的语言,甚至被人遗忘了。通过华盛顿大学卡尔伯特(Sidney S. Culbert)博士的研究,有1 600 000人对世界语的使用达到了一定水平。假设这个数字是正确的,这就意味着世界人口中只有大约0.02%的人能够较为熟练地使用这种语言,迄今仍远未达到查门霍夫博士的目标。然后,曾经是民族语言的英语却在世界上为越来越多的国家和人民所使用,被一些人称为"新世界语"。

(一)英语在当今世界的应用

当罗马帝国如日中天的时候,拉丁语被称作"世界语",在亚历山大大帝后继者的时代,希腊语被称作"世界语",从17世纪至19世纪,法语也曾经是欧洲宫廷、贵族和外交家的语言,但是,真正影响整个世界并得到广泛传播的语言却只有英语。在世界各地,包括欧洲、美洲、大洋洲、非洲和亚洲,英语都安家落户了。以讲母语的人数而论,讲汉语的人数占据首位。但是世界上讲英语的人不仅仅局限于那些以英语为母语的人——这个数目大约在3.2亿。我们还应该把那些生活在世界各地的,把英语当作跨地域交往语言工具的人算在内。比如在印度,那里的大部分人都把英语当作他们的第二语言。除此之外,还应包括那些出于政治、商业、科学或其他目的而学习和使用英语的人。以上三个群体加起来大约有7亿~8亿人。

(二)英语缘何成为世界通用语言

英语走向世界始于17世纪英国国际贸易和开拓殖民地的活动。英语虽然不属于人类最古老的语言,并且它走向世界也仅仅约400年,但是它在全球化过程中的发展速度和对全世界的影响,是其他任何语言都望尘莫及的。其中的原因值得我们研究和探讨。

英语在约400年里能够一跃成为世界通用语言,原因是多方面的。依据牛道生先生在《英语与世界》一书的精辟分析,我们可从以下几个方面把握英语迅速崛起的真正原因。

1.历史方面

1 500多年前,盎格鲁-撒克逊民族凭借北欧日耳曼民族勇猛顽强的"海盗精神"抢占大不列颠岛,在非常艰难的自然环境中,凭借本民族团结的力量屡次战胜入侵的外族,在大不列颠岛创建新的国家——英国。之后,在文艺复兴运动中,英国人凭借勤奋好学的探索精神,在广泛汲取欧洲古老文明成果的基础上,自力更生,力求创新,努力赶超欧洲大陆的老牌强国,从一个弱小的海岛民族发展为欧洲乃至世界上的强盛民族,在16世纪以后短短的200年中就创造出独具英国民族特色的先进语言文化。

2.政治、军事方面

英国为了达到掠夺殖民地的目的,不惜用武力在世界各地镇压当地土著居民,在政治上竭力奉行殖民政策,强行传播和普及英语语言文化,用英语同化当地民族语言,使英语在美洲、大洋洲、非洲、亚洲等牢牢扎下了根,结果造就出美国、加拿大、澳大利亚、新西兰、南非、印度等多个具有本土语言文化特色的英语变体。

3.经济、科学技术方面

因为先前的大英帝国，以及后来的美国，都在经济上垄断了国际贸易市场的许多重要领域，所以英语必然随这些领域的商品进入世界各国。如今，国际上许多大的跨国集团仍然在美、英两国，而且国际经济贸易规则基本上都是用英语制定的，并被美、英等西方国家所操纵或主导。在人类近代自然科学技术方面，许多先进发明创造和尖端科学技术来自美、英两国的科学家，他们用英语写成的科研报告和资料，以及发行的英文学术期刊必然受到世界各国科学家和科技人员的青睐。为了获取美、英两国的先进科学技术，或进行国际学术交流，非英语国家的大批科学家和科技人员不得不下苦功学习英语。

4.外交、国际贸易和旅游产业方面

美、英两国以及许多英联邦国家把英语作为第一语言或官方语言，美、英两国又都是联合国安理会常任理事国，这使得英语从1945年联合国成立之日起就成为联合国的工作语言之一。为了国际交往，世界其他国家的外交人员不得不学习英语。20世纪后期，经济全球化趋势发展迅速，为了占领国际贸易市场和旅游市场，各国竞争越来越激烈，英语成为推销本国商品和旅游资源的有力武器，如有些公司在国际媒体多用英语大做广告。

5.文化、教育和娱乐方面

因为美、英两国以及加拿大、澳大利亚等以英语为母语的国家有许多世界一流的大学，所以各国为了培养一流科技人才，不得不派大批留学生或学者去美、英两国或其他英联邦国家大学留学或进行学术交流。由此，英语自然成为年轻人考入这些国家大学的

"敲门砖"以及学者们进行学术交流的工具。另外,世界上高水平的大学教材和现代文学著作,绝大部分是用英语写成的,各国高等院校为了提高教学科研水平,与世界学术水平接轨,不得不选用或借鉴西方国家的大学英语教材和现代文学著作。美国是世界第一电影强国,虽然美国只有几百年的历史,但在几百年的短暂发展中,逐渐形成了具有鲜明特色的美国文化,美国电影不但占领了英语国家娱乐市场的大部分份额,而且在非英语国家也十分畅销。其他国家为了使本国的影视产品能够打入国际娱乐市场,也将其翻译成英语在全世界发行。因此,英语必然随着美国及其他国家影视音像制品的全球广泛传播,激发人们学习英语的热情。

6.新闻、出版、通信方面

世界上大型的国际传媒垄断集团,几乎都被美、英两国控制;国际电信、全球网络通信业也几乎都被美国所操纵;世界新闻出版领域的英语书籍、报刊发行量最大。因此,英语自然成为世界新闻、出版、通信领域的首选语言或主导语言。

7.民族语言文化方面

民族语言的文化价值表现在不同的民族语言有它独特的文化气质上。语言的文化气质,指的是一种语言在交际过程中使说话人和听话人在心理上获得的某种感受。这种感受一方面受周围环境的影响,另一方面由语言结构各方面因素综合作用而显露出来。18世纪以来,英、美两国先后处于全球先进生产力发展的顶峰。因此,根据经济基础决定上层建筑的马克思主义经典理论可知,英、美两国必然成为世界近代史上先进语言文化的主要代表,英、美两国的语言文化在全世界的竞争力必然最强。那些弱小民族或语言文化相对落后的古老民族,一旦沦为英、美两国的殖民地,其本土的语言文化必然面临被同化或边缘化的危险，英、美两国的语言文化势不可挡地成为这些被奴役民族的主导语言文化。即使这些民族后来独立了，在很长的历史时期内依然很难摆脱对英语的依赖，如印度、巴基斯坦、孟加拉国、南非等国至今仍然把英语作为本国的官方语言。

经过 1 500 多年的变迁，英语从几个日耳曼部族的语言发展为今天具有重大国际影响的语言，这固然有上述政治、经济、社会等方面的原因，但英语语言本身的独特优势也同样不容忽视。词汇的开放性便是其优点之一，英语善于吸收外来词。一方面，英语属于日耳曼语族，有日耳曼语的共同词语；另一方面，英语又长期与法语及其他罗曼语族语言联系密切，吸收了大量古典词语。可以说，英语把代表欧洲主要文化的词语兼收并蓄于一身，这在欧洲各语言中是独特的。今天，每当出现一种新的事物、设备或时尚，只要其他语言中已经提供了一个合适的词汇，英语就会把它吸收进来，而且在吸收的过程中，往往不改变词形。

英国语言学家布赖恩·福斯特（Brian Foster）在《变化中的英语》（*The Changing English Language*）一书中分析了英语民族在吸收外来词语问题上的民族心理特点："从英语的整个历史来看，英语对其他语种的词语总是乐于采纳的。确实，人类各种语言都或多或少地借鉴了外界模式，但有理由可以认为，英语跟其他主要的语种相比更易于接受外来的影响。法国人确实成立了一个组织，他们希望靠此来阻止或多少能控制外国词语的流入。而对于大多数说英语的人来说，这是不可思议的，他们似乎主张一种语言上的'自由贸易'。他们说，如果一个外国词语是有用的话，那就应该采用，不论其来源如何。"

从语法角度看，当代英语正朝着精练、简化的趋势发展。语言结构上的演变不是通过"爆发"方式形成的，正如斯大林在《马克思主义与语言学问题》一书中指出的："马克思主义不承认在语言发展中有突然的爆发，有现存语言的突然死亡和新语言的突然创造。""语言的发展……是经过逐渐的、长期的语言新质和新结构的要素的积累，经过旧质要素的逐渐衰亡来实现的。"自19世纪以来，英语的语法结构所发生的一系列变化虽仍处于"新结构的要素的积累"和"旧质要素的逐渐衰亡"阶段，但对其中的一些简化趋势我们是不该否认的。这些特点也使英语同其他欧洲语言相比，相对容易学习，特别是容易入门。当然，英语也有其弱点，最容易察觉的便是拼读不统一，容易造成拼写混乱。此外，英语中的同义词、惯用语特别多，这固然使英语表现力较强，但同时也给英语学习者带来了不少困难。虽然英语也有弱点，但是在上述诸多因素的综合作用下，其在世界范围内广泛使用也就不足为奇了。

第二章　英语语音教学的相关理论

理论与实践是相辅相成、缺一不可的，不能任意割裂两者的辩证关系。理论是实践的基础，同时实践是检验理论的标准。因此，英语教师只有对英语语音教学的理论知识有着一定的深入了解，并在英语语音教学中加以实践，才能真正领会相关理论在英语语音教学中的重要意义。

第一节　语音的性质与发音

一、语音的性质

语音，是指人类通过发音器官发出来的、具有一定意义的、目的是用来进行社会交际的声音。在语言的音、形、义三个基本属性当中，语音是第一属性，人类的语言首先是以语音的形式形成的，世界上有无文字的语言，但没有无语音的语言，语音在语言中起决定性的支撑作用。

第一，语音具有物理属性，它跟自然界的其他声音一样，是一种物理现象。一切声音都是由物体的振动发出的，物体振动，振荡它周围的空气，形成音波，音波扩散，刺激到人的听觉神经，人就听到了声音。任何声音都是由音高、音强、音长、音色四种要素组成的，语音也是如此。第二，语音具有生理属性，它是人的生理发音器官发出来的。第三，语音具有社会属性，语音有表意功能，这种功能是社会赋予的。语音的表意功能，使得语音区别于自然界的其他声音，因此语音的社会属性是它的本质属性。语音的社会属性主要表现在以下两个方面：

（一）音义结合的固定性

什么声音表示什么意义，如何表示，是由使用某一语言的社会成员决定的，即语言的"能指"和"所指"是由某一个特定的社会决定的。如 horse、马都指自然界的同一事物，但是说英语的人称之为 horse，说汉语的人称之为马，这些音义结合是由某一社会的成员约定俗成的。

（二）语音的系统性

对于音位、音位的个数、音位的组合，各种语言、方言都有自己的系统。有些语音现象从物理、生理属性上看是相同的，但在不同的音系中表义不同。英语有 48 个音位，而法语有 36 个音位。属于印欧语系的英语和法语没有声调，只有句调；属于汉藏语系的语言大多数有声调，如汉语。送气或不送气在汉语中可以区别意义，但在英语中却没有区别意义的功能。

二、语音发音

语音学虽然根据研究目的和研究手段分成诸门学科，但其研究对象都是人类语言声音（即语音）。语音学主要研究语言的发音机制、语音特性和在言谈中的变化规律。由于它的研究内容关系到发音动作（生理现象）、语声特性（物理现象）以及听感（心理作用），而人类的不同语言集体各有自己的语音特点，因此现代语音学的研究需同时以自然科学和社会科学的知识为基础。

在这个充满各种声音的世界里，语音是最重要的一种声音，假如没有语音，人类在表达思想和意志、协调彼此的行动方面就会有极大困难，社会也可能会陷入混乱甚至崩溃。可以说，语音是人类社会的神经中枢，没有语音，现实社会将难以运行。

在自然界，静止的物体不会发声，换句话说，物体发声时总是在振动。正在响着的鼓，如果用手把鼓面按住，鼓声便停止了。被按住的当然不是声音，而是振动的鼓面。振动而发声的物体叫作声源。如果只有声源而没有传播声音的物质，声音就无法被人耳听到。如果把一个正在响着的电铃放在密封的玻璃罩里，逐渐抽掉里面的空气，那么空气抽掉得越多，铃声就越小，到最后就只见铃舌不断敲打铃盖，却听不到铃声了。可见，声音依靠某种媒介传播，而空气是声音传播的最重要媒介。离开媒介，即使有声源，声音也无法传播。声音不仅可以在空气中传播，还可以在固体、液体中传播，而且传播得更快。例如，水的传音性能更好，一口半吨重的大钟在水里发生振动时，声音可以传到35公里以外，比在空气和金属中的传播距离要远得多。尽管如此，声音传播最重要的媒介仍然是空气。声源的振动会引起空气的振动，产生振动波。这种振动波就是声波，声波传入人耳内，使得鼓膜也产生同样的振动，于是人就听到了声音。当声音在空气中传播的时候，由于摩擦作用，声音的能量会逐渐衰减，音量也会越来越小，直到最后完全听不见。

人类语音形成的基本原理也与上面所说的相同。人类有一套完善、精巧的发音器官。人体中参与发音活动的器官，主要包括口腔和鼻腔构成的吐字器官、胸腔中的呼吸器官和喉构成的发音器官，以及这些器官形成的共鸣腔体。发音所涉及的人体器官的原有生理功能并不是发音。例如，口腔中的牙齿和舌是人体消化系统的一部分，喉和肺则属于呼吸系统，它们都与维系人的生存有关。当这些器官用于发音活动时，它们组合成一个具有传递语言信息功能的新系统。整个发音器官构成了一个符合物理学原理，能发出不同声音的声道。在这一声道结构中：肺在膈肌和胸廓的带动下为发音提供气流；喉作为发音器官，在气流推动下产生可供吐字器官加工的声音素材；口腔内的唇、齿、舌等吐字器官和鼻腔则对喉产生的声音或肺部流出的气流进行加工，形成能表达不同意义的语音。有些与发音器官有关的共鸣腔，如口腔、鼻腔、胸腔等，除可利用共鸣原理形成语音外，还都具有调节声音音量、音色的作用。值得注意的是，人耳在发音过程中具有必不可少的监视和调节发音动作的特殊作用，尽管它在传统分类上并未归入发音器官，但其对发音的作用正愈来愈被人们所重视。

（一）声带

声带是人类重要的发音器官，它的颤动有很强的节奏，所产生的声带音是有节奏的周期波，因此声带是语音中元音或浊音的声源。以声带作为声源的语音，它的某些特性是由声带及其振动方式决定的。以弦类乐器为例，同种乐器的弦的松紧、粗细、长短与音调的高低有密切关系：相同粗细的琴弦，在同一把琴上绷得越紧，张力越大，音调越高；同样张力的弦，弦线越细，音调越高。此外，弦线的长短和音调的高低也有关系，短则振动快、音调高，长则振动慢、音调低。人的语音的高低也是如此，受声带的松紧、厚薄、长短等因素制约。小孩的声带较短较薄，因此童声高而尖。成年后由于内分泌腺的不同，男性的喉腔比原来增大约 1.5 倍，声带也随之变厚变长，声音比原来降低 8 度左右。而女性的喉腔则只比原来增大约 1/3，声带比男性要短和薄，声音比原来降低 3 度左右。因此，成年男性的声音比女性低。到了老年，声带和喉头的肌肉都变得松弛了，无论男女，声音都会比成年时要粗而低。

同一个人的声音也有高低的不同，如唱歌时就能唱出高低不同的音阶，如意大利著名男高音歌唱家帕瓦罗蒂（Luciano Pavarotti）就能自如地唱出 High C 调，这是因为人有绷紧和放松声带的能力：当连接杓状软骨的肌肉牵引杓状软骨侧向转动时，声带就被拉紧，颤动就快，声音就高；当杓状软骨反向转动时，声带就被放松，颤动就慢，声音也就变低。这种控制声音高低的能力，在语言中起着极其重要的作用。汉语是有字调的语言，字调的高低升降是由声带的绷紧或放松形成的。声带也是个人音色特征形成的一个重要因素，因为每个人的声带质地不同，声源特性也就不同，所以在电话中即便两个人说同样的话，他们的声音也能被分辨出来。

（二）声腔

一个人说话时所消耗的能量只有极小的一部分变为声音的能量，大部分都变为热能。实验证明，声带在颤动时只能把来自肺部气流的0.05%的能量变为声能，因此声带发出来的声音很微弱。这种原始的微弱的声波通过人的声腔的调节和共鸣成为人耳能听见的各种语音。

人的声腔的生理构造很复杂。声腔又称声道，包括咽腔、口腔和鼻腔三部分。咽腔在声带和小舌之间，声带音产生后首先进入这里。咽腔可以分为三个区域：①鼻咽腔——位于咽腔最上端，连接鼻咽腔的通道由软腭的升降来控制；②喉咽腔——位于咽腔最下端，紧连声带；③口咽腔——位于鼻咽腔和喉咽腔之间，容积最大。传统语音学几乎完全忽视了咽腔在发音中的作用。近十几年来，在语音实验中人们发现，有时即使元音的舌位高度相同，音色也可以不同，可见咽腔对语音音色的影响。声带音到达咽腔最上端的与鼻腔相连的部分后，如软腭下垂，打开了鼻腔通道，同时口腔有一个部分闭塞起来，气流就只能通过鼻腔，从鼻孔出去，形成鼻音。发鼻音时，起主要共鸣作用的是鼻腔，口腔则是副共鸣腔。鼻腔内没有可以活动的发音器官，它的形状是固定的。鼻音音色的不同是由副共鸣腔——口腔内活动器官闭塞部位的不同形成的。

在软腭不升不降、居于中间状态时，气流同时从鼻腔和口腔呼出，发出的音在口腔和鼻腔中共鸣，从而形成鼻化音（也叫口鼻音）。声带音通过咽腔时，如果软腭升起，堵住通向鼻腔的通道，使气流只能从口腔出去，就形成口腔音，如/i:/、/u/、/d/、/t/等。口腔是最重要的发音器官，声带音的一切复杂变化几乎都是在口腔里完成的。这是因为可以活动的发音器官绝大部分都集中在口腔里,包括唇、舌、软腭和小舌。这些可以活动的发音器官使声腔在发音中发挥两种重要作用:①调节作用。即调节声腔的形状,使声带音产生不同振动,从而形成不同音色的元音或鼻音。②形成噪音。可以活动的发音器官,如舌、软腭、唇与口腔固定器官,如齿、齿龈、硬腭以不同的方式接触,形成完全阻塞或部分阻碍,使气流爆破成音,或摩擦成音,形成噪音。不同的舌位发出的元音音质不同。气流在口腔内受阻碍的部位不同、方式不同,发出的辅音音色也不同。发/u:/音时,舌位抬高,口腔接近闭合。语音的主要出口是双唇。双唇可以闭塞阻碍气流,也可以形成狭缝让气流摩擦通过,还可以撮起拢圆,产生圆唇音,或先阻碍后摩擦,形成破擦音。双唇的活动还可以使音质产生变化。在表达言语信息及人的感情方面,双唇还具有其他发音器官起不到的作用,因为脸部表情也可以通过发音时双唇的活动表现出来。例如,人在兴奋、气愤状态下发音时口腔张开的比较大。

（三）语音的感知

对于大学英语教师而言,必须搞清楚两个语言教学的基本问题:"What and How?",即教师需要教什么样的语言知识,以及如何传授这些语言知识才能使学生提高语言能力。前一个问题比较容易确定,教学内容应与社会需求密切相关,即社会需要什么知识,教学大纲就设置相应的课程以满足这种需求。但如何教则不是一个容易回答的问题,为此,各种教学法应运而生。教学是建立在研究学习者学习的心理、生理认知过程的基础上的。英语语言理解的第一步是对语言的感知,而对语言的感知的基础则是对语音的感知,即语音的听辨问题。

人类除了具有一套精致的发音器官，还具有言语感知系统。在实际交际中，语音由说话人发出，成为言语波，通过空气传到听话人的耳中，经过听觉机制、神经系统而被听话人理解。广义地说，这一过程全部是言语的感知过程。听觉的研究属于生理方面，神经系统的研究属于心理方面。外语学习的生理、心理认知过程，主要涉及对语言的感知过程，即感觉和知觉的过程。

1.感觉过程

感觉是大脑对直接作用于感觉器官的语音的个别属性的反映。在感觉语音的过程中，听觉和发音器官发挥着重要的作用。对英语语音的感觉主要涉及言语听觉和言语动觉。

（1）言语听觉

言语听觉是对纯声音的感觉阶段，是一种生理的感觉，所接收的是语音的物理参量。它把言语波转换成一组按时间变化的声型，起着刺激神经的作用。这些声型包括频谱结构、基频、振幅、时长等，分别被感觉为一种语言的音位、声调、响度和快慢等，成为语音感知的阶段。它与听觉阶段联系紧密。

音高指的是声音的高低，它是由声源振动的频率决定的。多数人能够听到的声音的频率范围在 20~20 000 Hz。长而粗厚的声源振动慢，短而细薄的声源振动快。语音中音的高低和人的声带的长短、厚薄、松紧有关。一般来说，妇女和儿童的声带短而薄，所以说话时声音高一些；成年男性的声带长而厚，所以说话的声音低一些。同一个人的声音高低不同，是由于人类有控制声带松紧的能力。音高并不影响语义，一个人可以用不同的音高说同一句话，表示同一个意思。但是在实际的交际语境中，音高的不同可以表达很多含义，有丰富的感情色彩。不同的音高可以构成不同的语调旋律，而不同的语调旋律有不同的表意功能。例如，表肯定一般使用降调，表疑问一般使用升调，表冷漠一般使用平调，表激动一般使用高降或高升。

音强指的是声音的轻重或者强弱，它取决于声源振幅的大小。语音的轻重或者强弱同呼出的气流量的大小和发音时用力的程度有关。发音时用力大、气流强，声音就强或重，反之就弱或轻。语音的轻重或者强弱一般不影响语义，但在实际交际中，不同的音强也可以表达不同的含义。例如声音的突然变强或变弱可以表达对同一件事完全不同的态度。

音长指的是声音的长短，它取决于声源振动持续时间的长短。声源振动时间越长，则音长越长，否则就越短。英语中的音长有辨义的作用，如 sheep /ʃi:p/ 与 ship /ʃɪp/。也有一些语言的音长没有辨义的作用，如汉语中一般不用音长作为主要的区别意义的手段，但音长作为发音中的一个自然属性，经常以伴随性的特征出现。

音质指的是声音的音色，它取决于声源的材质、发音方法或共鸣腔的形状。也就是说：同样两把提琴，材质不同，音质就会不一样；同样材质的两把提琴，用弓拉和用手指弹，音质也会不一样；使用同样的方法演奏（都用弓拉）同样材质的两把提琴，如果琴箱的大小、形状不同，则音质也会不一样。总之，这三个方面中只要有一个不同，就会产生不同音质的声音。

语音中音质的不同也是由这三个方面的因素造成的。具体来说，一个人发出的语音的音质取决于以下几个方面：①发音部位，即从肺里呼出的气流通过口腔时是否受到阻碍。如果不受阻碍，则发出的是元音音质。如果口腔的形状接近于闭合，则发出的是闭元音；如果口腔的形状是打开状态，则发出的是开元音。如果气流受阻，则发出的是辅音音质。如果气流受阻的部位是双唇，则发出的是双唇音；如果受阻的部位是后舌与软腭，则发出的是软腭音。②发音方法，即气流受阻后使用什么方法除阻。突然除阻形成的是爆破音，慢慢除阻形成的是摩擦音。③声带的状态，即声带振动与否。如果振动，则发出的是浊音，否则就是清音。这三个方面，只要其中一个不同，就会产生不同音质的音。

人发出的语音也叫音素，是从音质角度划分出来的最小的语音单位。一个音素代表一种音质，不同的音素代表不同的音质。了解音质的详细情况和它在语言中的作用是语音研究的首要任务。了解了音质以后，才便于研究依附于它的长短、高低、轻重等特征。在交际中，话语是连续发出的，平均语速为每秒 5~12 个音位。同一个音节中相邻的音没有明显界限，甚至同一意群中的音节之间都连读在一起，彼此不分。此外，人们在听辨语音时不仅要辨别个体的音素和音位，更重要的是要利用话语材料的所有信息，包括各种超音段音位因素，如重音、语调、节奏等，并结合上下文信息辨别语义，这就使语音听辨成为一个复杂的生理和心理认知过程。

（2）言语动觉

言语动觉通常指的是来自发音器官的动觉。言语动觉是由人类的发音器官的肌肉、肌腱和韧带内的各种动觉感受器，以及传入神经将信息反转传入大脑皮层所产生的感觉。动觉与听觉一样也是生理感觉。

人的发音器官由四部分构成：①呼吸器官，由肺和有关呼吸肌群组成，为发音的动力器官。②振动器官，即喉。喉内的声带通过振动而发出声音，喉在发音运动中占主导地位。③共鸣器官，主要由喉腔、咽腔、口腔和鼻腔连成一个形似喇叭的声道，产生共鸣。此外，胸腔也参与共鸣产生的过程。通过产生共鸣，能够加强和放大声波，美化嗓音，使其富有色彩。④吐字器官，由口腔、舌头、软腭、嘴唇、下腭等组成，其功能是可使言语清晰。

英语语音系统中的元音和辅音的发音差别主要体现在气流从肺部发出进入共鸣腔时是否受到阻碍，气流受到阻碍的是辅音，而不受任何阻碍的是元音。辅音之间的差异也是发音器官动作的结果。例如，唇部阻碍可发出/b/、/p/、/m/音，软腭和舌后部阻碍可发出/g/、/k/音，齿与齿龈阻碍可发出/θ/、/ð/音。语音是发音器官动觉的结果。

2.知觉过程

知觉是大脑对直接作用于感觉器官的语音的整体属性的反映。知觉是个体以其已有经验为基础，对通过感觉所获得的资料做出的主观解释。因此，知觉也常被称为知觉经验，知觉经验是相对的。语音是人发出的有意义的声音，不同于普通的自然声音。因此，对语言的感知首先是对发声材料的感知，更重要的是对语音意义的认知。语言的认知是信息加工的过程，即对感受到的信息的接收、编码、贮存、提取和使用过程。一般把这一过程概括为由四种成分组成的模式，即感知系统、记忆系统、控制系统和反应系统。

（1）感知系统

环境为感知系统提供输入，变换和整合就从这里开始。也就是说，感知系统首先把语音刺激的基本特征抽取出来，加以组合，并把已编码的语音刺激送入记忆系统。即听话人对所接收的语音的认识，或出于习得的本能，或由于环境濡染，辨别出各种语音信号，形成一种概念模型。这一阶段的认知的正确程度，因听话人的母语习惯而有差别。然后由听话人根据自身熟知的语言音系，或通过学习后的理解，把所听到的语音归纳、对比而辨别出不同的特征或音位。达到认知的最高层次有直接的和间接的两种途径。直接的途径是从声音的参量来认知，例如通过音位特征以及音节分配等区别出词义或语义。连续语流中的语音变化很大，有些音会因受前后音的影响而变化，有些音在快速语流中脱落，有时几个音连读变得含糊不清，甚至有些词会被别的词或插入的噪音等所替代。此时，听话人要根据上下文认知这些语音，这是间接的途径。这个阶段有许多成分依赖于社会因素和人的已知经验。实验证明，听话人因自身的母语音系与所听音系不同，有时会产生认知上的"偏误"。如以汉语为母语的人在听英语时，由于汉语中不区分元音的长短，会把 sheep 误认为 ship。再如，由于汉语中不区分/e/与/æ/，以汉语为母语的人会将 bed（床）误认知为 bad（坏的）。因此，在感知阶段，母语会对外语的认知产生影响。

（2）记忆系统

语言的记忆系统会对输入的语音信息进行编码、贮存和提取。语音的信息处理经过三个记忆系统：感觉记忆、短期记忆和长期记忆。

①感觉记忆。感觉记忆是人们通过感官获取某些信息后在神经系统里的相应部位保留下来的印象，其特征是容量大，持续时间很短，约 1~2 秒。感觉记忆包括听觉信息的保留和各种感觉编码。随着感觉记忆的消失，一些信息被遗忘，得到较多注意的信息会进入短期记忆库中。

②短期记忆。短期记忆是位于感觉记忆和长期记忆之间的记忆过程。语音经过认知变成信息被送入短期记忆系统，短期记忆的编码方式以语音为主。短期记忆的储存能力有限，只有约 20 秒的时间。短期记忆是唯一能在意识层次处理信息的记忆阶段，因此又被称为工作记忆。如果缺乏先验知识，被感知的信息往往就不能得到处理，因此不能进入短期记忆库中。即使信息得到处理后进入短期记忆库中，如果缺乏充分注意或操练，也会很快被遗忘，因为短期记忆的容量是非常有限的。

③长期记忆。短期记忆不仅是对当下事物所形成的记忆，同时也是通往长期记忆的中转站。经过短期记忆的信息有一部分被输入到长期记忆里。要想把短期记忆变成长期记忆，最常见的方式是重复信息。形成长期记忆后也并非很快就变得稳定，而是需要经过一段凝固时期。信息一旦进入长期记忆系统，即被学得，而且可以在任何情景下被应用。长期记忆构成人对世界和自我的认知。这些信息经过适当的组织，根据信息的性质分门别类地储存在人的大脑中，供人们提取使用。长期记忆是一个巨大的信息存储库，它存储着语言的各种信息，如语音、语义、加工程序等。长期记忆主要以意义为编码储存信息，容量相对来说是无限的，储存时间较持久，有些信息可以永久储存。人的一生中可以不断地往这个信息库中储入新的信息，同时，也可以不断地从长期记忆中提取信息，用以回忆或识辨等。

加拿大神经心理学家唐纳德·赫布（Donald Olding Hebb）通过揭示短期记忆和长期记忆的生理基础，说明了两者在储存信息实践上的差异。他认为，长期记忆涉及神经系统结构上的改变，故记忆较持久。人的脑部有大量的神经元彼此连接，互通信息。一旦神经元 a 被激活，就依次传递到神经元 b、c、d……最后又返回神经元 a，如此循环，形成神经回路。这种神经回路往返于皮质的不同区域，也可以通往皮质下的结构，如丘脑、海马体。任何心理或生理过程都可以看成某特定神经回路的活动。回路的活动由感觉刺激所引起，在刺激消除后会持续一段短暂的时间。这个短暂的活动属于回路的反响。反响回路可以使神经活动在一段时间里循环和"自我维持"，以引发巩固过程。反响回路可能是短期记忆的生理基础。而如果两个神经元间的一个突触一再被激活且大约在同时向突触后神经元传递神经冲动，那么突触的结构或化学成分就会发生改变，一种更复杂的称为长时程增强的机制就起作用了。在这个过程中，受到重复强烈刺激的海马体神经回路，会激发更为敏感的海马细胞，导致这种作用能持续数周甚至更长的时间，这可能就是长时学习所保持的机制。

（3）控制系统

控制系统决定目标的先后顺序，监督当前目标的执行。中枢处理器是系统的控制部分，决定着系统怎样发挥作用。控制系统主要处理目标和达成目标的计划。目标既可能是一般的，也可能是特殊的。多数目标可以分解为小目标，小目标又可分解为更小的目标。中枢处理器主要决定目标的先后次序，监督当前目标的执行。米勒（G. A. Miller）等人提出的考验—操作—考验—出口模式可用来说明中枢处理器的作用：加工系统从考验是否达成目标开始，如果回答"是"，系统就放下这个计划成分，如果回答"否"，系统就要进行某些操作，操作后再看目标是否达成。考验—操作可以多次循环，直至目标达成。

在讨论人的大脑处理信息的问题时,希夫林(R. F. Shiffrin)和施奈德(W. Schneider)把记忆看成是由大量的结节构成的。结节被激活的方式有两种,一种是自动化(automatic)处理方式,另一种是控制(controlled)处理方式。这是两种互有联系而又不同的信息处理方式。

自动化处理方式指这样一种情况:每当适当的输入信息出现时,记忆中的结节便被激活。这种激活是一种习得反应(learned response),它是在同样的信息被多次重复激活之后建立起来的。因为自动化处理过程使用长期储存中一组相对稳定持久的联络结构,所以大多数自动化处理过程的形成需要一定量的训练去充分发展它们。自动化处理过程一经完成,便会产生很快的反应速度,难以被压制或改变。

与自动化处理方式相比,控制处理方式不是学到的反应。在控制处理过程中,记忆中的结节的某一个序列只是暂时被激活,且激活是人为控制进行的,需要集中注意力。在正常情况下,每次只有一个序列在无干扰的状态下得到控制。控制处理过程会干扰对其他信息的同步处理,因此受到能力的严格限制,需要更多的时间去激活。它的长处是比较容易建立和改变,容易在新的场合下实施。

关于信息的自动化处理方式与控制处理方式,有两点值得注意。首先,学习过程牵涉信息向长期记忆的转移,受控制过程的调节,对复杂技能的掌握经历一个由控制发展到自动化的过程。控制方式调节信息,使之从短期记忆向长期记忆转移,这提示我们学习是需要时间的。在掌握信息处理技能的过程中,自动化建立起来之后,控制过程便被解放出来,用于更高层次的信息处理。因此,随着学习者向高难度层次学习的推进,控制过程可以说是为自动化铺路。其次,控制处理方式与自动化处理方式之间的区别不在于是否有意识。原则上,两者可以既是有意识的,也是无意识的。多数自动化过程发生的速度非常快,构成自动化过程的各个环节通常是察觉不到的。有些控制过程发生的速度也很快,也有可能意识不到。控制过程是否能被意识到,取决于学习者的注意力是否集中。所有的控制过程都需要集中一定程度的注意力。总之,控制过程与自动化过程的区别不在于人们是否意识到这种过程,而在于技能的自动化程度是否在长期记忆中已经建立起来。信息的最佳处理方式应该是自动化处理与控制处理两种方式的灵活运用、互补长短。

(4) 反应系统

信息经过感知系统达到长期记忆,但它对长期记忆的影响却往往取决于其是否在工作记忆中受到加工,如果受到加工,信息就可进入长期记忆库。这种加工还取决于中枢处理器中当前的工作目标。同时,记忆也为中枢处理器提供了优先目标。计划和小目标以及当前信息的状态决定了采取什么决策。这种信息会激活反应系统。反应系统控制着一个系统从运动动作到语言和表情的全部输出。反应系统的输出又成为环境的一部分,向感知系统提供输入。

这个认知过程并不是按上述顺序单方向进行的,各种成分之间存在着不同方式的相互作用,以保证对信息的加工、输出和反馈,沟通人与环境之间的联系。在语言的生理、心理认知过程中,上面的四个系统都以不同的方式相互作用着。

第二节 音标

音标就是记录音素的标写符号，一个音素只用一个音标表示，一个音标也只表示一个音素。音标的种类较多，如国际音标（International Phonetic Alphabet, IPA）、英式音标（DJ 音标）、美式音标（KK 音标），此外还有韦氏音标。下面主要介绍前三种音标。

一、IPA、DJ 音标与 KK 音标

（一）IPA

IPA 由国际语音协会制定，是广义上的国际音标。它是语言学者用来个别标示各种人类所能发出来的声音（指单音或音素）的一组语音符号系统。作为统一标示所有语言中语音的标准符号，其中大多数都取自或衍生自罗马字母，其他的有些是衍生自希腊字母，有些则明显地与其他任何的字母标准毫无关系。

IPA 最早是在 1886 年，由语言学家保罗·帕西（Paul Passy）所带领的一群英国和法国的语言教师，基于教学与研究上的需要，在国际语音学会的赞助下开发出来的，于 1888 年公布。IPA 最早是参照斯威特（Henry Sweet）制定的罗马字母，但之后它又经过数次修订，现通行的是 2020 年修订的版本。

国际音标主要的原则是一个符号代表一个音，因此不会有像英语中 sh 和 th 那样，两个子音组合代表一个音的情况出现。目前国际音标符号共计有 48 个，其中辅音有 28 个，元音有 20 个。

（二）DJ 音标

狭义上的国际音标就是指英语国际音标，更狭义的就是指 DJ 音标。由于它用来标注英语的发音，一般都把它叫作英语国际音标，后来在国内干脆简称为国际音标。这么一来，就容易和广义的国际音标即 IPA 混淆。

DJ 音标与英国语音学家丹尼尔·琼斯（Daniel Jones）有关，他根据 IPA 编了一本《英语发音辞典》（*English Pronouncing Dictionary*）。标准读音（Received Pronunciation, RP）正是在这本词典中提出的，这在受过教育的英国人尤其是英格兰人中通用。目前 DJ 音标符号共计有 51 个，其中辅音有 31 个，元音有 20 个。

（三）KK 音标

KK 音标为约翰·肯扬（John Kenyon）与托马斯·诺特（Thomas Knott）所作。两位作者的姓都是以 K 开头的，所以他们所作的音标一般被称为 KK 音标。他们编写了一本《美式英语发音词典》（*A Pronouncing Dictionary of American English*），所使用的符号均从前面提到的 IPA 而来。约翰·肯扬和托马斯·诺特将其中仅适用于美式英语的符号截取出来，再加上美式英语特有的儿化音，就变成了美式英语的 KK 音标。这是一套最常用的也是最权威的注音法，从此人们习惯把美式英语标准发音称为 KK 音标。目前 KK 音标符号共计有 44 个，其中辅音有 24 个，元音有 20 个。

由于 KK 音标是标美国音的音标，因此有人认为 KK 音标不是国际音标，这其实是不正确的。国际音标是用来标注国际上各种语言的发音的，并非只能用来标英国音，很多语言学家对国际音标做局部修改以标记他们所研究的语言，所以国际音标也有很多种。KK 音标是国际音标的一种，DJ 音标也是国际音标的一种。

二、英语注音形式

给英语注音的 IPA 有两种形式，即宽式音标与严式音标。在语音学中，人们把英国语言学家丹尼尔·琼斯原编词典中的标音体系称为宽式音标，把英国语音学家吉姆森（A. C. Gimson）修改过的标音体系称为严式音标。

宽式音标是记录相对抽象的音位的音标，即每个音位用一个音标表示。它的优点是节省音标，简化语音系统的表达。严式音标是记录相对具体的音素或音位变体的音标，即用一个音标和一个附加符号标出一个音位。它的优点是能够精确地表达自然语音特点的细微差别。从实验语音学的角度看，应该采取严式音标来记音，但是从音位观点看，采用宽式音标记音就可以了。在美国和我国出版的许多美式英语词典，往往采用宽式音标和严式音标同时注音的方式。

三、我国英语语音教学和英语教材中的注音体系

20 世纪 60 年代，我国英语语音教学开始采用琼斯语音体系。20 世纪 70 年代，随着《英语发音辞典》第 14 版的问世，我国著名英语语音教授许天福提出，中国英语语音教学也应紧跟上 RP 的变化，不要停留在琼斯语音体系上，而是应该适应吉姆森语音体系。进入 20 世纪 80 年代，我国英语教材建设取得重大发展，一大批教材相继问世，推动了英语语音体系从琼斯语音体系向吉姆森语音体系的平稳过渡，并基本实现了规范

和统一。值得一提的是，陆谷孙先生使用了吉姆森语音体系为其主编的《英汉大辞典》注音，这为国内其他词典和教材中音标体系的规范树立了典范。

虽然国内英语学术界确定了以吉姆森语音体系为英语语音标准，但音标注音体系却未完全统一。从实际的音标教学来看：学生在小学三四年级初次接触音标，此阶段为简单认知；进入初中后开始系统学习英语，但学习重点在阅读、语法、词汇、写作上，并不重视音标；进入高中和大学以后，也不怎么重视音标。如果学生不了解吉姆森语音体系，就不能有效地利用目前采用最新国际音标注音的英语辞典和教材。特别是大部分非英语专业的学生不能正确认读新国际音标，这给学生自学英语带来一定的不便，影响了学生学习英语的兴趣。

笔者在实际工作中发现各类英语教材的音标体系不尽相同，许多教材仍使用传统的音标注音系统，或者是新旧版混用，这在高等教育阶段的英语教材中尤为明显，这或多或少会对英语教学产生不良影响。例如，元音/i/在处理词尾音节时仍保留原来的字符形式，而不是改成/ɪ/；以-less、-ness 等结尾的单词，字母 e 的注音形式由原来的/i/变为/e/，字母 e 的读音发生了变化等。

语言是发展变化的，语音形式也在发展变化，英语的标音系统对英语语音的教学有着很大的影响，所以对标音系统的变化必须给以足够的重视。张凤桐教授曾说过："词典和教材应当使用统一的发音标准和音位体系，这是英语教学界多年来一致的见解。"教材既是教师教学活动的主要依据，也是学生学习的主要对象，而音标在学生学习英语的过程中，起着"敲门砖"甚至是"拐杖"的作用。在教学中，教师要了解不同语音体系的关系和使用情况，特别是对语音符号的变更。这样，教师才能帮助学生在语音知识方

第三节 音素

语音的最小单位是音素。各种语言的语音都是由几十个不同的音素组成的。英语共有 48 个音素，其中元音 20 个、辅音 28 个。要掌握英语语音，首先必须学会这 48 个音素的正确发音。

记录音素的符号叫作音标。我们通常采用 IPA 来标记英语字母和单词的读音。现对英语的 20 个元音和 28 个辅音做如下介绍。

一、元音

元音的不同是共鸣腔的不同形状造成的。共鸣腔里面最主要的是口腔，一般元音的差别正是取决于口腔的不同形状。口腔改变形状的方法有三种：①把嘴张得大些或者小些；②把嘴唇撮起或者展平；③把舌面的最高点放在舌面的前面或者后面。舌头和下腭相连，嘴张得大，舌头的位置就低，嘴张得小，舌头的位置就高。所以可以简单地将上面三种方法归结为舌头的高低、前后，嘴唇的圆展。可以说，这三个因素的结合决定着每个元音的音质。元音分为单元音和双元音。

1.单元音

单元音依发音时舌面隆起部位位置的前后,分为前元音、中元音和后元音;依舌位的高低分为高元音、半高元音、半低元音、低元音;依双唇是否收圆又分为圆唇元音和不圆唇元音。

(1)前元音

英语共有4个前元音,即/i:/、/ɪ/、/e/、/æ/。发前元音须注意:

①舌尖要抵住下齿。

②舌前部向硬腭抬起。

③双唇不要收圆,发/i:/、/ɪ/、/e/时双唇平展,发/e/时口要张大,用扁唇。

④唇形舌位保持不变,否则就会发成双元音。

(2)中元音

英语共有3个中元音,即/ɜ:/、/ə/、/ʌ/。发中元音时须注意:

①舌尖抵住下齿,但不如发前元音时抵得那么紧。

②舌面最高点在舌前部和舌后部之间。

③不圆唇。

(3)后元音

英语共有5个后元音,即/u:/、/ʊ/、/ɔ:/、/ɒ/、/ɑ:/。发后元音时须注意:

①舌尖不触下齿,舌身后缩,舌后部向软腭抬起。

②除/ɑ:/外,都是圆唇音。

③注意/u:/、/ɔ:/、/ɑ:/三个音的长度,不要发得太短。

2.双元音

(1) 合口双元音

合口双元音共5个,其第二组成部分是/ɪ/或/ʊ/,即/eɪ/、/aɪ/、/ɔɪ/、/aʊ/、/əu/。发合口双元音时,口型由较张开滑向较合拢的位置。

(2) 集中双元音

集中双元音共3个,其第二组成部分是/ə/,即/ɪə/、/eə/、/ʊə/。发集中双元音时,由第一个元音滑向中元音/ə/的位置。

二、辅音

辅音的共同特点是气流在一定部位受到阻碍,通过某种方式冲破阻碍而发出音来。发音部位就是受阻的部位,发音方法就是形成和冲破阻碍。可以进一步将发音部位区分为主动发音器官和被动发音器官。明确了这几个方面,就能正确地发出辅音。

辅音依发音时声带振动与否,可分为清辅音和浊辅音;依发音部位,可分为双唇辅音、唇齿辅音、舌侧辅音、齿龈辅音等;依形成阻碍的方式,可分为爆破辅音、摩擦辅音、破擦辅音、鼻辅音等。下面对其中几种进行简要介绍。

1.爆破辅音

发爆破辅音时,口腔中的某些部位形成完全阻塞,急促有力的气流冲开阻碍,爆破而出。爆破辅音包括/p/、/b/、/t/、/d/、/k/、/g/。

2.摩擦辅音

发摩擦辅音时,发音器官的某些部位形成部分阻塞,气流从缝隙中摩擦而出。摩擦辅音包括/f/、/v/、/θ/、/ð/、/z/、/r/、/ʃ/、/s/、/ʒ/。

3.破擦辅音

发破擦辅音时，气流冲破完全阻塞，从缝隙中泄出，爆破与摩擦紧密结合，几乎同时发出。破擦辅音包括/dʒ/、/tʃ/。

4.舌侧辅音

发舌侧辅音时，由于舌尖与上齿龈形成阻塞，气流不能从口腔中间流出，只能从舌两侧泄出。舌侧辅音包括/l/。

5.鼻辅音

发鼻辅音时，气流在口腔的通道阻塞，所以只好改道从鼻腔中泄出。鼻辅音包括/m/、/n/、/ŋ/。

除上述基本辅音类型外，辅音还有一种特殊的用法，即两个或两个以上的辅音结合在一起出现在同一个音节中，这种语言现象称为辅音连缀。此时，第一个辅音必须读得轻些、短促些，各辅音之间切勿夹入元音/ə/。辅音连缀包括/ts/、/tr/、/dr/、/dz/。

第四节　语音学与音系学

与社会科学领域里的其他学科（如文学、历史学、哲学等）相比，语言学是一门后起的学科，而作为其分支的语音学，历史则更短。有关语音研究的专门论著直到19世纪50年代前后才开始出现，即便在这个时期，也还有不少语言学家认为语音研究不是语言学领域里的一个独立分支,因为有着古老传统的语言学一直是把语音包含在语法之内的。随后,语音学家陆续发表了许多语音学专著,如丹麦叶斯泊森(Otto Jespersen)的《语音学教本》、法国格拉蒙(Maurice Grammont)的《语音学概论》,美国派克(Kenneth Pike)的《语音学》等。于是,语音研究成为语言学科的一个独立分支。在各国语言学家的共同努力下,近代语音学在19世纪中期逐渐建立起来了。

一、现代语音学

近代语音学建立以后,其研究主要集中在发音生理范围内,此后随着学科的发展逐渐深入其他方面。语言的声音看似平常,实际上却是一种非常复杂而且极为奥妙的现象。用语言进行交际的全过程应该经历"发音—传递—感知"三个阶段。第一阶段,说话人的大脑指令发音器官发出语音,这是一个从心理现象转换为生理现象的过程。第二阶段,语音以空气为媒介传到听话人和说话人的耳朵里,这是一个从生理现象转换为物理现象的过程。第三阶段,语音通过听觉器官被听话人的大脑感知,这是一个从物理现象转换为心理现象的过程。可见,要全面、深入地了解语音的特性,必须从生理、物理和心理等各个方面进行研究。

从近代语音学发展到现代语音学,大体上说是从20世纪30年代后期开始的。当时,音位理论已趋于成熟,语音物理属性方面的研究已经广为开展,并在20世纪40年代取得可喜的成果。

20世纪80年代前后,语音研究又深入听觉和感知领域。如今,语音学的研究内容和方法与之前已不可同日而语了。现代语音学关注的是语音是如何发出的，如何用符号记载，如何接收和辨认不同的语音。对应语言交际过程中的三个不同阶段，现代语音学通常可分为三个既相互独立又相互联系的分支学科：①发音语音学。发音语音学研究发音器官以及发音器官是如何发音的，即研究发音器官在发音过程中的活动。②声学语音学。声学语音学研究语音的声学特征，如声波，以及语音的物理属性，如语音的频率和振幅。③感知语音学。感知语音学研究人的耳朵是如何接收声音的，即研究人耳对语音的听觉感知。

（一）发音语音学

发音语音学以发音器官在发音过程中的生理特征为主要研究内容，所以也可称为生理语音学。传统语音学属于发音语音学，它通过唇、舌在发音时的状态对元音加以分类和描写，通过发音过程中发音器官某个部位阻碍的性质和部位，对辅音加以分类和描写，并制定出各国通行的国际音标。这些方面的研究成果具有实用价值，已经成为学校语音教科书的基本内容，至今仍然是各分支学科进行语音研究的基础。但是，今天的发音语音学研究内容比以往更加深广，研究的手段更加现代化。作为现代语音学的一个组成部分，发音语音学主要研究言语活动的神经肌肉、生物机械和空气动力的过程，提取一切有关发音的物理参量，并阐明它们与语音特性的关系，如声带的发声作用及其与语音的关系，而传统的发音语音学对这方面的研究十分简单。发音语音学不仅要研究声带振动的生理一物理性质，而且要测量声带振动的各种参数及其与语音的关系，例如在不同的元音条件下，声门下的气流压力变化与语音的音强有什么关系。传统语音学要求发音活动时，只用舌位、唇形的变化描述元音，用发音部位和发音方法描述辅音；而现代的发音语音学则要求对发音器官活动时的声腔进行客观的测量，求出客观的参数，为人工合成语音提供科学数据。

（二）声学语音学

声学语音学研究的是语音传递阶段的声学特性，相对于发音语音学来说，声学语音学是一种物理语音学。过去，语音的物理属性是声学家研究的主要内容，近几十年来，由于言语通信工程和人工智能研究等方面的需要，声学语音学在许多方面已经和传统语音学逐渐结合起来。声学语音学借助最新的电子仪器和其他器械，正在日益深入地揭示语音内部的奥秘。声学语音学所获得的研究成果对传统语音学也有很大的意义，因为语音的声学实验使过去传统语音学中所谈到的许多语音现象得到了客观的、科学的验证，同时揭示了一些凭口说耳听无法发现的极为重要的语音现象。例如，声谱仪分析出决定元音音色本质特征的不是音波的曲折形式，而是它的共振峰频率。声学实验还证明，发音器官下腭和咽腔的动程跟元音音色是有关系的，而过去咽腔在发音方面的作用被忽视。辅音中破擦辅音究竟是单个的辅音还是复辅音，过去也一直有争论，声学分析仪器也给出了明确答复。此外，由于有了各种测量仪器，语音的物理属性如音长、音高、音强、音质，不仅可以分别加以研究，而且还可以进行定量分析。这使我们对这四个要素之间的内在联系有了具体的了解。总之，声学语音学是由于仪器和实验技术的改进而发展起来的，是近几十年来语音学中取得成果最大的学科。目前声学语音学对语音的研究已经进展到相当深入的阶段，研究的热点主要在语言的合成和识别两个方面：一方面要使机器发出高度仿真的语音；另一方面要使机器能识别任何人的语音。

（三）感知语音学

感知语音学又称听觉语音学。感知语音学研究的是语音感知阶段的生理特征和心理特征，也就是耳朵是怎样听到声音的，大脑是怎样理解这些声音的。有人把这方面的研究称为听觉语音学或心理语音学。这是现代语音学里最新的一个分支学科，它的产生和心理语言学以及人工智能的研究密切相关。心理语言学研究语言习得和语言使用的心理过程，必须从语音入手；在人工智能的研究中为了让计算机听懂自然语言，必须弄清楚人类是如何通过语音理解意思的。感知语音学是最近十几年才发展起来的边缘学科，但已经展示了广阔、深远的前景。心理语言学家从言语的听辨出发，提出了许多不同于传统观点的新鲜见解。例如，话语的声音通常被看成是线性的时变系统。根据这种观点，大脑神经似乎是按照语音序列的先后，依次逐级听辨和感知语言的，也就是从音素到音节，然后是词素、词、短语，最后理解整句话。但是，心理语言学家认为，从声学上来说，组成一句话的每个音素未必犹如串在一根线上的一颗颗珍珠。事实上，音素只是为了语音研究的方便人为地分析出来的，在快速语流中人们很难分辨出单个的音素或音素间的界限。

总之，心理语言学家对言语感知的探索才刚刚起步，许多理论尚处在假说阶段，各家看法也存有分歧。但是，各种不同的见解都是富有启发性的，心理语音学的研究与传统语音学并非毫无关联。例如，用肌电仪器可以发现，在语音未发之前，发音器官有关部分的肌肉已经收到中枢神经的"指令"开始做发音准备了。在一连串的语音中，前一个音素虽然已经消失,但在感知系统中仍然在起作用,对后面的音素有一定的影响。这就为语流音变中的同化作用提供了生理、心理方面的科学依据。

二、现代音系学

在研究一种语言或方言的语音时,传统语音学主要是从听音、记音入手的,也就是首先凭耳朵听辨语音,用一定的符号记录下来,加以分析;然后说明这种语言或方言一共有多少语音单位,这些语音单位是在发音器官的什么部位、用什么方法发出来的,它们又是怎样组合在一起的,组合在一起时发生了什么变化;最后归纳出这种语言或方言的语音系统。凭耳朵听辨语音,要求辨音能力越强越好,记录语音越细越好。但是在进行整理、综合的时候,不能只从语音的自然特征出发。从语言的交际功能来看,重要的并不是语音在生理或物理上的差别,而是这种差别在语言中是否起到分辨意义的作用。语音系统里的语音单位,应该是那些起辨义作用的语音。

(一)音位学的产生

音位,即语音单位。在音位分析时,人们发现音位有辨义的作用。例如,英语中night、light两个词的n和l是两个不同的音位,有区分意义的作用;n和l在汉语普通话里也可以区分出不同的意义,如nán(男)、lán(蓝)。因此,n和l在汉语中也是两个音位,如我们说"男同学"而不是"蓝同学"。但在有些汉语方言里,如在湖北、湖南、安徽等地,这两个音并没有辨义作用,在整理归纳这些方言的语音系统时,就不能把n和l分成两个音位。因此,不同的语言应采用不同的音位体系。不同的音位在某种语言中是独立的音位，有区别词义的作用，而在另一种语言中，却可能不是独立的音位，没有辨义的作用。研究语言的语音系统的科学称为音系学。从语言的社会功能出发，我们可以把许多在生理、物理上不同的声音归纳成数目有限的有辨义作用的音位。归纳音位有一套原则和方法，所以形成了一门新的学科，叫作"音位学"。

自从音位学产生以后，语音学这个名称就有了狭义和广义两种不同的用法。狭义的用法用于仅以语音的物质方面作为研究对象的语音学，以区别于研究语音的功能和系统的音位学；而广义的用法是把凡是以语音作为研究对象的都称为语音学，其中包括音位学、现代语音学的各个分支以及实验语音学等。

音位学创立于 20 世纪初，在 20 世纪 30 年代发展成熟。到了 20 世纪 50 年代，在声学语音学研究成果的启发下，语音学家又提出了区别特征理论，把音位理论推向了一个新阶段，这也为电子计算机分析语音开辟了新道路。

（二）确定音位的方法

确立音位的原则是人的发音器官能够发出无数的声音，只有少数的语音可以使一个词的意义发生变化，而其他多数的语音是没有这个区别意义的功能的。此外，一个有区别意义的音位会有一些相似语音体现，即它们的发音有少许的差异，但是它们都属于同一个音位。在音位分析中，语音学家要从众多的音素中分析出具有辨义作用的语音单位，把它们确定为不同的音位，并且辨认那些没有辨义作用但是归属于同一音位的音位变体。人们普遍采用的音位分析方法主要有以下四种。

1.对比分布

如果想确定某一种语言究竟有多少音位,最简单也是最有效的方法便是设立最小对立体。最小对立体由一组单词组成。拿来一个单词,替换其中的一个语音,观察其意义是否发生变化。例如,bit/bɪt/,如果用/æ/替换/ɪ/,这个词的意义就变了,因此我们确定/æ/与/ɪ/在英语中是两个不同的音位。我们还可以替换第一个音,如用/h/替换/b/,词的意义也发生了变化,因此认为在英语中/h/也是一个音位。同样的方法也可以用来替换/t/,词的意义也发生了变化。

2.互补分布

有时候,一个音位在不同的语境中会有不同的具体发音形式,也就是说,在不同的语境中会有不同的变体。例如,英语中有/p/这样一个音位。如果这个音段出现在重读音节开始的位置,则它总是要发送气音,如 pit/pɪt/;如果这个音段出现在音位/s /前面,就发不送气的音,如 sport/spɔːt /;如果这个音段置于音节尾或词尾,就发除阻音,如 top /tɒp/。因此,这三个不同的语音表现形式虽然出现在不同的语境中,但是属于同一个音位/p/,是音位/p/的三个不同的音位变体。它们的这种分布是互补分布,而不是对比分布。

3.语音相似性

能构成互补分布的属于同一个音位的音位变体还有很重要的一个条件,即语音相似性,这是确定音位使用的第三种方法。一个音位的变体要与这个音位有更多共同的语音特征,它们在语音上非常相似,有很多共同的特征,因此毫无疑问属于同一个音位。

4.自由变异

如果一个语音和另一个语音在相同的语境中可以替换,而且不会使词的意义产生变化,那么这个替换的语音就是那个被替换的音位的自由变体。

三、语音学与音系学的联系与区别

语音学是语言学的一个分支,是研究语音如何发出、传送和接收的科学。音系学是语言学的另一个分支,研究的是一种特定语言内部的语音体系和不同语言中的语音音系构成原理及其差异。

它们既有相似之处,即二者皆是致力于语音研究的学科,彼此之间相互关联,也有明显的区别,即二者在具体的研究方向及研究内容上有巨大的差别。语音学的研究范围更为宽泛,具有普遍性。在研究内容上,语音学包含了一切自然存在的语音,不是单独针对一个语种或一个国家、一个地区的语言,而是针对所有用于交流的语言;而音位学着重针对一种语言进行研究。在研究方向上,语音学更偏重研究语言如何发出、对相似的语音做出判断、将语音按规则分类以及对语音特征的采集等内容;而音系学侧重研究某特定语言中语音的形成机制、交际作用以及意义传递等内容。

第三章 英语语音教学的基本内容与现状

在英语教学中,英语语音教学处于十分重要的地位。下面,笔者就英语语音教学的基本内容以及我国现阶段对英语语音的相关研究、教学现状进行论述。

第一节 英语语音教学的特征与意义

19世纪末,英语国际音标问世之后,人们开始重视英语语音教学。在语言学界,对语言学习和语言教学认识的改变引起了作为第二语言的英语教学各方面的变化,其中包括语音教学。20世纪80年代中期以来,随着英语教学与研究及其相关学科的发展,英语语音教学在教学内容、特征与意义上也发生了很大的变化。

早期的英语语音教学注重音素和单词的发音。20世纪80年代后,随着交际法的发展,英语语音教学的重点从音段音位转向超音段音位。音段音位指音素,如元音和辅音;超音段音位指节奏、重音、语流和语调。有人主张将超音段音位作为教学重点,也有人赞成将音段音位和超音段音位结合起来教学。

一、英语语音教学的特征

语音教学往往是整个语言教学的起点，即语音关是语言教学的第一关。对于英语学习者来说，学习英语语音往往也是学习英语的开始。因此，英语语音教学非常重要，其特征主要表现在以下几个方面：

（1）语音语调是口语的基础，语音语调学得怎么样，将直接影响学习者日后的口语能力。

（2）语音与词汇学习有着直接的联系，特别是单词的读音与单词的拼写有着直接的联系。而词汇的学习又是整个英语学习的关键。

（3）语音是语言的外在表现。衡量一个人的英语水平如何，语音是关键。尤其是在公共场合讲话，如果语音不好，容易受到公众自然的、下意识的、习惯性的排斥。因此，语音学得不好，容易使学习者在日后漫长的英语学习中不断地萌发自卑感和消极情绪，不利于英语学习。反之，学好语音有利于学习者获得成就感，从而为日后的英语学习增强信心。

（4）语音语调风格一旦形成就很难重塑，正如乡音难改一样。而学习者的语音语调风格又容易定型。正如语言学家努南（David Nunan）所说："对于许多中等语言水平以上的学习者来说，语音语调似乎最容易发生石化现象。"

对上述英语语音教学特征的认识，无论是从教师还是从学生的角度来说都十分重要。教师有必要在自己充分认识的基础上，使每一个学生清楚地认识到这些特征，特别是第四条特征,这对学生的英语学习来说至关重要。如斯特恩(Stern)所说:"事实已经证明,对语音语调的重要性的认识本身,就能起到鼓励学习者努力改善其语音语调的作用。"

二、英语语音教学的意义

英语语音教学是英语语言教学的重要组成部分。离开英语语音教学,词汇和语法教学就无从谈起。语音能力与听、说、读、写等语言能力的培养有着紧密联系,对正确传递及接收信息起着重要作用。现代语言学把语音和语音系统作为首要的研究对象,主要原因有四个:①口语的出现早于书面语。世界上有不少部落的语言并没有书面文字,但他们口头语言的发达程度并不亚于有书面文字的语言。②说话优先于书写。婴儿在学习母语的过程中,根本不需要学习书写就可以学会说话。盲人可以从小学会说话而不需要书写。在人类一般的社交生活中,多数时候是靠口语完成交际的。在看到别人书写的文字之前,往往先听到他讲的话。③不少语言(尤其是地方方言)的口语中有很多常用的词汇和概念,却没有相应的书面词汇能够表达。④书面语所无法解决的一些问题(如模棱两可的问题等),口语却能解决。因此,语音在语言的研究和学习中具有重要的地位。

语言是由声音和意义两个系统组成的统一体。在所有的语言中,语音或音段总是有意义的,而且少量的音能组合成大量的意义单位,这是人类语言区别于动物嘶鸣吼叫的最基本特征。例如,/aɪ/这个音可以用来表示:英语字母 I 的名称;第一人称代词"我";英语单词 eye(眼睛)。此外,它还可以与许多辅音组合,表示英文单词中的一个音段,如/baɪ/、/daɪ/、/faɪt/、/gaɪ/、/haɪ/、/haɪt/、/kaɪt/、/laɪt/、/maɪn/、/maɪt/、/paɪ/、/raɪs/、/saɪ/、/saɪt/、/spaɪ/、/ɪn'vaɪt/、/waɪt/等。因此，语音不是孤立的，任何有意义的语音都代表着至少一个与之相对应的词，尤其是英语这样的字母语言。许多词汇的不同读音都表示不同的意思，例如，use 如果读成/ju:z/，就是动词，如果读成/ju:s/，就是名词。因此，它在"I use a pen."中要读成/ju:z/，在"make use of"中要读成/ju:s/。同理，contact 如果读成/ˈkɒntækt/，就是名词，如果读成/kɒn'tækt/，就是动词。

由此可以看出，语音是整个语言系统的基础，如果不抓好语音基础训练，学生就无法辨析最小的语音单位，就不能正确地模仿和朗读单词，也就无法掌握正确的语音语调。这样学习英语，最终学到的只能是"哑巴"英语，不但费时费力，而且没有任何用处。此外，如果不掌握或不具备足够的语音知识，学生就无法顺利进入词汇的学习，因为许多单词的拼写规则以及与语法有关的词汇变化规则都与语音规则有着紧密的联系。

另外，从交际本身来看，英语语音教学也具有重要的意义。口头交际是人类交际最为重要的形式，与书面交际相比，口头交际具有更方便、更直接、反馈更快的特点。口头交际的顺利完成依赖于诸多因素，如交际双方对所用语言的掌握，对交流内容的了解，以及良好的心态和环境等。其中，对所用语言的掌握最为重要。口头交际是通过口语来完成的，而语音是口语的基础。准确、自然且清晰的语音有利于对方准确理解自己所表达的意思，加速信息的交流，进而达成交际的目的。而且，正确的语音也是一个人综合素质的体现。语音流畅、悦耳动人，既有助于人们之间的交往，也能给人留下深刻而且良好的印象。因此，英语语音教学是基础英语教学的重要组成部分。

第二节　英语语音教学的目标

20世纪90年代以来，随着交际法的进一步发展，英语语音教学越来越重视语音在口语交际中的作用。美国著名应用语言学家莫利（Joan Morley）认为，应将语音教学纳入口语交际课程，这个课程具有两个侧重点：产出（production）和表现（performance）。产出是指对音素、重音、语调和节奏的掌握，即传统的语音观；表现是指整体理解性（让人听懂）和交际性（满足交际需求）。如今，英语语音教学的目标已逐渐演变为培养学生语音知识的使用能力。

语音知识的使用能力是指能够辨别语音音位的能力，准确再现语音发音的能力，拼读单词的能力，准确再现语调、声调的能力，联系语音和语义的能力，以及语调运用能力等。英语语音能力对英语学习的有效性起到了重要作用。由于大部分外语学习者在语言学习初始阶段已经接触过结构型大纲，他们此时的需求不是学习语法，而是学习如何用已经掌握的知识进行交际。在语言学习的初始阶段，掌握音位编码能力很重要，因为把语音输入转变为可认知加工的信息是理解的基础。语音编码失败可能意味着丧失理解语言的机会，意味着无输入信息可加工。一般来说，音位编码能力将对下一个阶段能用于认知学习的可理解输入的获得产生重要影响。由于声像的感觉记忆较长，能达到数秒，困难的或陌生的语言输入认知学习都要依赖语音表征来完成。学习者接触声学刺激之后所获得的音位编码能力越强，其记忆越深刻，随后可用的材料内容就越丰富，其理解的程度就越高。语音能力是听、说、读、写、译等技能的基础，下面以听、说、读为例进行论述。

一、语音能力与听力理解技能

众所周知,听力理解应该是语音解码和意义构建的结合,而意义构建必须建立在语音解码之上。听力理解是通过听力器官和大脑的认知能力,运用语音、词汇、语法和非语言的知识,把感知的声音转换成信息的过程。在语言学习中,通过听觉而获得的信息输入是以语音为中介的,然后经过感觉记忆和短期记忆的存储及处理,才与长期记忆产生整合作用,而后发展为内部语言。语言学家认为,人在学习语言的过程中会逐渐形成自己的心理词典。在心理词典中,语音、语法和语义信息分别储存在大脑中。当语音输入大脑时,自动化程序分别检索语音、词法、语义信息,然后加以分析、判断和综合,从而确定词义,帮助语言学习者在快速语流中辨别词的音位,进而辨别句义以及语篇的意义。而听力理解的障碍首先体现在辨音的困难上,英语初学者对听力理解感到困难,是因为他们音位辨别能力和信息处理能力不高。如果学习者发音不准,又不能掌握正确的语调,就会失去一定的辨音能力,从而影响听力理解。语音是听力理解的基础,语音能力影响着听力理解过程中心理词典的检索效率。语音能力强、发音正确的学习者,其心理词典留存的词语语音表征正确率高。他们在接收外部语音刺激的时候,其心理词典中具有相应语音表征的词条能被顺利激活,听力理解得以顺利开展。同时,这种有效的听的语言活动对语音表征起到强化作用,听得越多,学习者语音识别自动化程度就越高,耗费的认知资源也就越少,节省的认知资源可以流向其他过程,如分析、联想、判断、推理等，从而促进语音识别任务的完成，并逐渐培养良好的听力理解能力。反之，语音能力较弱、发音错误的学习者，其心理词典会留有错误的语音表征。当他们接收到的正确的语音刺激和自身错误的语音表征不吻合时，就会产生错误的音义搭配，进而导致错误的理解。学习者的语音能力差，接收的正确语音在自动化程序检索中失败，导致了理解的空缺。

二、语音能力与口语技能

英语口语教学最基本的目的是培养学生用英语进行口头表达和交往的能力。许多学生由于各种原因（如母语的负面影响、不理想的信息输入、目的语语音体系不完整等），语音、语调不过关，许多基本词汇读音不准。为了扭转这一局面，英语教学工作者应强调正确的语音输入对提高口语能力的重要性。例如，学生可以通过背诵使语音、词汇、短语、篇章转变成自己的内部语言，提高口语表达的流利性和准确性。正确的语音输入还有助于学生形成良好的语感。有心理语言学家认为，如果听的语言活动是语言的输入，那么说的语言活动就是语言的输出，其目的在于将说话者的思想表达给听话者并使其理解。说话者要想达成此目的，必须先在心理词典中留存语言正确的语音表征，然后用所要表达的思想激活对应的语音表征，提取并产出话语，以正确表达思想并使听话者顺利完成语音识别任务。语音能力好的学习者，说的越多，其心理词典中的正确语音表征被激活的就越多，留下的记忆痕迹就越深，说的效果也就越好。而良好的学习效果会帮助学习者增强说的兴趣和信念，进而促进说的言语活动的顺利进行，提高口语能力。

三、语音能力与阅读技能

阅读是语言输入的过程，是一个复杂的心理认知过程。一些学者就语音能力对阅读的影响有过深入的理论和实验研究。有些学者认为，工作记忆中的语音回路与阅读理解有关联。语音回路是巴德利（Alan David Baddeley）等人提出的工作记忆模型中的一个成分。由于语音回路本身的特点，人们联想到它可能和阅读理解这种复杂的认知活动有关系。国内有学者研究记忆中的语音回路与阅读理解的关系，他们认为语音回路是工作记忆的一个组成部分，负责语音信息的储存和处理，这与阅读这种需要推理、理解等高技能的语言活动有密切关系。语音回路包括语音储存（phonological store）装置和发音复述（articulator rehearsal）装置两个部分。语音信息以记忆痕迹（memory trace）的形式储存在语音储存装置中，这些记忆痕迹如果得不到及时复述，就会在 2 秒钟之内衰退甚至丧失。听觉形式的语音信息可以直接进入语音储存装置，而视觉形式的语音信息必须先转化为听觉形式的信息才能进入该装置，而这个转化也是通过发音复述装置实现的。所以，发音复述装置有两个功能：一是不断加强将要消退的记忆痕迹；二是将视觉形式的语音信息转化为听觉形式的语音信息，从而使其进入语音储存装置。阅读过程正是开始于语音的介入。语音介入阅读就意味着随着语音表征被激活，这些被强化的语音表征反过来帮助学生提高阅读效率，并使其逐渐提高阅读能力。语音的介入对英语初学者来说很有必要，但是对于高级阅读者的作用，人们的看法不一。

第三节　我国英语语音研究综述与教学现状

一、我国英语语音研究综述

语言由语音、词汇和语法构成，也就是语言学家所说的音、形、义。其中，语音是首位要素，是语言最基础的单位，只有通过语音才能进行词汇和语法的学习。可见，掌握英语语音是学习英语的第一步。英国语言学家吉姆森曾说过，要学会一门语言，语法只需要掌握50%~90%，词汇只需要掌握1%，而语音知识却需掌握100%。由此可见英语语音研究的重要性。近年来，国内关于英语语音研究的论文大量增加，研究角度主要包括以下几个方面：中介语研究、学习者因素研究、语音教学研究、语音理论研究及语音教学目标研究。

（一）中介语研究

中介语研究主要包括音段习得研究和超音段习得研究。

1.音段习得研究

王茂林对比分析了中、美两国学习者英语塞音的发音情况，发现中国学习者英语塞音发音为部分浊音的情况居多，/b/、/d/与美国学习者无明显差异，但/g/、/p/、/t/、/k/的发音比美国学习者发音要长。此外，中国学习者英语浊塞音的发音情况较好，清塞音的发音情况较差。冯友通过研究语料库发现，吞音现象在大学英语学习者中普遍存在，并多在句尾出现,其中辅音吞音最为常见。

2.超音段习得研究

超音段音位主要指重音、语调、节奏等方面。高琳、邓耀臣通过研究语料库发现,国内非英语专业大学生,朗读英语单词时的重音错误多是受汉语语音的影响。陈桦调查了国内学生的英语语调发音情况,结果显示学生对平调、降调有过度使用的问题,并且对能体现说话者态度和语气方面的二级调型语调掌握欠佳。

(二)学习者因素研究

影响英语语音习得的学习者因素主要包括年龄和关键期、母语迁移、语音感知等方面。

1.年龄和关键期研究

谈及年龄,就会将其与著名的中介语石化理论和关键期理论联系在一起。关键期理论认为,2~12岁是语音习得的关键时期,超过一定年龄就难以习得目的语的标准发音。而有些学者认为,语音的习得与关键期无直接联系,成年人也能习得目的语的标准发音。刘慧芳在《二语语音习得中的年龄因素研究综述》中指出,二语(即第二语言)语音习得成功与否与社会和学习者自身也有关系,年龄不是先决条件,并没有足够的实证依据表明过早地学习二语是否就能成功习得语音。林韶蓉在《国外二语语音习得关键期研究综述》中指出,大部分的研究支持关键期理论,也就是说,二语的发音水平与习得的年龄相关,接触二语时年龄越小,能达到的语音水平也就越高。但是,年龄与二语语音水平的关系是渐近的线性关系,是一个逐渐变化的过程,并非关键期理论认为的语音学习能力过了一定时期就急剧下降。由此可见,语音学习能力与年龄的增长不成正比。

2.母语迁移研究

国内关于母语对英语语音习得的影响方面的研究很多,主要是从两方面进行探讨,即母语的正迁移和负迁移。其中,对母语的负迁移及地域方言的研究最多。马林研究发现,中国学生发英语前元音/i:/最困难,因为这个音与汉语的 i 相似,但又有所不同。除此之外,英语中某些音位在汉语中并不存在,这也会对英语发音产生制约作用。关于方言对目的语的负迁移,国内主要采用对比分析的研究方法,其中,对江苏、浙江、安徽、陕西等地的方言迁移研究得最多,有的具体到了市县区域,如朱文娟研究了肥芜(合肥与芜湖)方言对英语习得的负迁移作用。尽管关于方言对目的语迁移的研究众多,但对新疆、西藏的研究却相对较少。

3.语音感知研究

国内运用语音感知理论对英语语音习得进行研究的相关论文并不多,主要是一些硕士论文。如蒋超在《江苏英语专业大学生英语语音感知及产出模式调查》中,基于利伯曼(Hollis Lance Liebman)的"肌动模型"理论,采用实证调研方法,从言语听辨到发音的机制层面研究了学习者的语音感知对语音产出的影响。王楠在《论黑龙江地方方言影响下学习者对英语语音的感知》中,基于负迁移理论和语音感知模型,通过实验分析了以黑龙江地方方言为母语的学习者对英语语音的感知情况,此外,该论文也探讨了第一语言经验对第二语言感知的影响。

(三)语音教学研究

研究语音的最终目的是将研究成果运用到实际教学过程中,因此对语音教学进行相关研究具有重大的意义。林韶蓉在《我国英语语音研究与教学现状分析及建议》中指出，我国目前对英语语音的重视程度不高、语音教学效果不理想，因此必须加强语音教学研究，对当前的语音教学进行改革。另外，她还对语音教学策略和方法进行了探索。乐金马、韩天霖提出了语音教学的六项原则，主张音段和超音段音位教学应结合运用，采用比较的方法对汉英语言的发音体系和规则进行对比，认为语音教学应与语言练习的情景语境融合，注重情感因素对学习者语音学习的重要性。此外，我国学者也在不断尝试将新的理论运用到语音教学中，如李燕芳、梅磊磊通过对国内成人学习者的英语语音知觉进行实验研究，证明了视觉言语对语音教学的影响，并指出视觉言语能应用于语音教学。

（四）语音理论研究

对英语语音进行理论研究主要是从心理学角度进行的。回顾国内相关文献，运用心理语言学原理对英语语音进行研究的论文有很多，研究视角主要涉及不同学科与知识的交叉，如认知与心理结合，认知与音段习得结合等。马照谦通过感知实验研究，结合功能音系学和感知语法研究中国EFL（English as a Foreign Language，指将英语作为外语来学习）学习者的发音。范烨基于优选论和感知图理论，对二语韵尾辅音群中的增音现象进行了研究。此外，联结主义和建构主义也是当前研究经常采用的理论视角，主要运用于英语语音教学。郭爱卿、陈瑞瑶在《联结主义视角下二语语音习得中的母语迁移》中，运用联结主义的基本概念和主要特征，探讨了联结主义在二语语音习得中的阐释作用，并指出该理论对英语语音教学的启示。李娟在《建构主义指导下的高校英语专业语音教学探索》中，基于建构主义理论并结合自身教学经验，对高校英语专业语音教学进行了探讨，指出语音课程在英语专业语音教学中的重要性，旨在为高校英语专业语音教学提供一条可行之路。

（五）语音教学目标研究

对于语音教学的目标，学术界有多种不同的观点，主要可分为传统英语教学理论和现代交际英语教学理论两种观点，即英语语音如同母语一样流利、自然和地道与英语语音正确、可理解和可交际。

哈默（Jeremy Harmer）认为，对英语学习者来说，"如同母语一样流利、自然和地道"的目标并不可取，也不明智，即对很多学习者来说，"这一目标是不现实的，也是不恰当的。或许更为重要的目标应该是可理解的和有效的语音语调"。可见，哈默的观点更实际。针对我国英语语音教学实际，顾曰国提出了一个较为"模糊"却兼容传统英语教学理论和现代交际英语教学理论的观点，并指出，在英语语音教学中，"可行的目标一般指接近母语标准的或可理解的"。胡春洞教授把语音教学的目标具体化为六种基本能力：①听音、辨音和模仿的能力；②把单词的音、形、义联系起来迅速反应的能力；③按照读音规则把字母及字母组合与读音建立起联系的能力；④迅速拼读音标的能力；⑤把句子的读音和意义直接联系，从而达到通过有声语言进行交际的初步能力；⑥朗读文章和诗歌的能力。

可见，对于语音教学目标，不同学者有不同的理解和认识。笔者认为，语言学习是一个漫长的过程，作为语言学习一部分的语音教学也应体现它的过程性和动态性，不能一蹴而就，应该分阶段，即在不同阶段确定不同的教学目标。语音教学应遵循循序渐进的原则,语音教学目标具体分为初级、中级和高级三级目标。正如顾曰国教授所说的那样:"让人听懂似乎是外语语音学习的基本评价标准和明智的学习目标。"

二、我国英语语音教学现状

(一)缺乏良好的英语语音学习环境

如今,我国大学越来越重视英语语音教学,以求通过英语语音教学培养学生的语言能力。然而,就当前大学英语语音教学的情况来看,学生缺乏一个良好的语音学习环境,教师过于重视理论性的教学,缺乏实践的语言交流环境,从而导致学生的语音学习效率不高。另外,在环境因素的影响下,学生也缺乏英语交流意识,除了在英语课堂上进行英语交流,很少在课余时间进行英语交流,这对他们的学习效果会造成一定影响。

(二)教学方法有待改进

教学方法是否合理将直接影响教学效率。语音教学不仅是一门学科,更是交际语言的教学,对教学方法的运用也更为严格。教师需要通过教学方法的创新激发学生的学习热情,调动学生学习的积极性,这样才能切实有效地提高大学英语语音教学的效率。而笔者在对当前大学英语语音教学的调查中发现,受传统观念、传统思想的影响,很多教师的教学方法过于陈旧、单一,致使英语语音课堂教学枯燥乏味,影响到学生的学习热情,对学生的长远学习非常不利。

（三）教学内容陈旧

大学英语语音教学应结合学生的实际情况，设置合理的教学内容，这样才更易于学生接受，对提高大学英语语音教学效率也有一定的作用。而就当前大学英语语音教学的实际情况来看，教学内容过于陈旧、单一，尤其是缺乏对学生发音的纠正，使得学生存在错误的发音却无法意识到，再加上教学内容以教材为主，缺乏课外资料的引入，从而使英语语音课堂枯燥乏味，不利于学生的有效学习。

（四）学生英语语音基础薄弱

每个学生对英语的掌握程度都不同，并且英语语音水平的地区性差异大。学生英语语音水平良莠不齐，整体水平不高。总的来说，存在以下两个方面的问题：

（1）由于中学阶段对语音学习不重视，学生大多没有系统地学习过音标，音标知识严重缺乏，甚至有很多学生养成了不良的语音习惯，如用汉字标注单词的发音。此外，在语音学习过程中，许多学生通常只关注单个音素的发音，而在单词与句子重音、节奏、连读、语调等方面不够重视。这导致学生只知单个音素，却不懂英语读音的规则，对于英语中不同的语调表达的不同含义和情感也知之甚少。

（2）学生的英语语音受母语和方言影响严重。在我国，大多数学生真正系统地学习英语是从初中开始的，由于未接受过系统的语音知识培训以及受母语与方言的影响，许多学生在语音学习方面遇到了诸多困难与障碍。例如，有些学生受方言影响，无法区分 /n/ 和 /l/，因此也就无法从语音上分清 knife 和 life、know 和 low；还有一些学生无法区分 /w/ 和 /v/，因此也就无法区分 well 与 very 在读音上的不同。

(五) 教师语音教学意识欠缺

许多大学英语教师缺乏对英语语音教学重要性的认识,认为英语语音教学在中学阶段的英语课程教学中已经完成。事实上,在我国中小学应试教育的大环境下,由于语音知识在英语课程考试中极少直接涉及,因而并未受到教师的重视。绝大多数学生在进入大学之前并没有进行过系统的英语语音学习,英语语音是大部分学生的薄弱环节。同时,由于课时的限制,英语语音课程仍没有独立的学时,只是口语训练之外的附加部分。因此,大部分非英语专业学生的语音仍处于较低水平。同时,对于非英语专业的大学生来说,更多的时间与注意力放在了专业课的学习上,英语学习主要依靠有限的几本大学英语教材。现在的大学英语教材虽然在内容题材和教材设计编写上不断与时俱进,综合性和实用性较强,却大都忽视了英语语音这个重要部分,对学生的大学英语学习造成了一定影响。

以上种种问题产生的原因归结起来,主要是工作在教学一线的大学英语教师对什么是语言能力认识不清,认为在大学阶段的英语教学中,培养学生的语言能力就是传授较高级的语言知识,语音不包含在这个高层次的语言知识的范畴中;或者认为大学英语教学阶段培养学生的语言能力主要体现在提高学生的考试分数上面;甚至认为语言能力在大学英语教学阶段应该表现在提高学生语言知识的运用能力上,语音知识教学可以忽略。

对于什么是语言能力,海姆斯(D. H. Hymes)和巴克曼给出了较为科学和完整的解释,他们的交际能力理论核心的部分正是语言能力。他们认为,语言能力是交际能力的基础，交际能力的培养必须建立在语言能力的基础之上，而语言能力的第一要素就是语音能力。因此，在大学英语教学中，应该重视语音教学。

总之，大学英语语音教学在大学英语教学活动中的重要意义显而易见。大学英语教师应该摆正自身的教学心态，明确与时俱进的教学目标，在非英语专业的大学英语课中，应适量加入英语语音知识，特别是在有关听说的课程中，关注学生语音水平的提高。在多元学习环境下，大学英语教师应充分利用已有的教学资源，并不断开发新的教学资源，让学生有更多机会接触地道的英语，纠正与改善学生的英语语音，从而激发学生学习英语的热情，增强学生利用英语交流的信心与效果，使其成为真正意义上的复合型人才。

第四章　英语语音教学的原则、模式与策略

笔者认为，教师在教授英语语音时要想使教学效果更佳，就要坚持相关的原则，了解相关的教学模式，同时能针对不同水平的学生运用不同的教学策略。

第一节　英语语音教学的原则

一、单音教学和语流教学相结合原则

为了提高学生语音的准确性，让学生进行一定的单个音素（简称"单音"）训练是有必要的。但是单音总是发生在一定的语音环境之中，而且会在不同的环境中有所变化，会出现省音、同化、连读、失去爆破等现象。另外，语音的教学内容还包括重音、语调等，而这些必须在词汇、短语和句子层面才能体现出来。因此，单音教学要和语流教学相结合，把单个音素的发音与单词、短语、甚至句子的读音结合起来。例如，单独发/i:/的音时，老师会强调它是长元音，发音时开口度要小，以区别于元音/ɪ/。如果把单独发音与单词发音相结合，学生就会发现，/i:/在/ri:d/中的发音并不像单独发音时那么强烈，也没有那么长。在单词读音教学中，要突出每一个音的练习，但在语流教学中，除了要

注意连读，还要注意不完全爆破。如 an，old，doctor 三个单词的发音练习与 an old doctor 的语流发音练习就不相同。老师可以举比较多的例子让学生练习并体会，如 an ol (d) car，an ol (d) do (c) tor，las (t) night 等。

二、大声朗读与朗读艺术化原则

朗读作为一种传统教学方法，在母语和外语教学中占有重要的地位。高霞等的研究表明，朗读涉及语言能力的各个层面——语音、语调、词汇、句法的处理能力，句子及篇章的理解能力。如使用恰当，朗读可以用来测试外语学习者的语言能力。因此，应将朗读作为一种重要的教学手段，用来提高学生的英语语音能力。虽然教师们常使用朗读这一方法，学生也经常朗读，但从学生的英语语音水平和相关研究可以看出，课堂中的朗读多是机械的操练。虽然在课堂上适当的带读、跟读等是必要的，但如果总是采用这种方式，学生容易感到乏味。教师不仅要让学生养成大声朗读单词和课文的习惯，要让学生单词发音基本准确，更为重要的是要教会学生如何朗读。在课文的教学中，教师首先要教学生如何划意群、何时停顿、如何用适当的语调表达语境中的含义等，然后由教师有感情地朗读给学生听，或播放课文录音，并要求学生模仿练习。此外，教师也可以在班上组织朗读竞赛，激发学生的朗读热情。如果课文内容是故事，则可以请学生进行角色扮演，应特别强调语音语调要适合各个角色的特点。

纪玉华和许其潮倡导的朗读艺术课可以为教师们所借鉴。他们认为教师应将音际关系（指省读、连读、失爆和同化）和音韵规律（指重音、节奏、停顿和语调）的讲解和练习作为重点。让学生在英文歌词上标注重音、节奏、语调、省音、同化和连读等,然后朗读英文歌词,最后跟着唱。这种活动不但可以营造学习气氛,还可以提高学生的学习兴趣,帮助学生改进语音语调。另外,教师也可以在课堂上组织讲故事、诗朗诵、演讲、演话剧等学生喜闻乐见的活动,形式要灵活多样、生动活泼。纪玉华编写的《英语发音与朗读教程》还着重介绍了各类体裁作品的朗读技巧。

三、大量输入原则和一贯性原则

大量输入真实的英语视听材料对英语语音的学习至关重要。教师要鼓励学生多接触各种英语视听材料,如英语歌曲、故事和动画片等,并让有条件的学生与说英语国家的人交流,以此来培养学生的英语语音意识。学生对语音的学习也受教师语音水平的影响,因为教师的语音常常是学生模仿的对象。所以,英语教师不仅要具有标准的发音,而且要善于运用适当的语音语调传递信息。学生只有在良好的英语语音环境下,才能提高语音意识并习得标准的语音。

语音教学是一项长期的任务,教师需要根据学生所处的具体语言学习阶段,确定具体的语音教学任务,语音教学应该贯穿于整个英语教学的过程。很多教师认为语音教学是学生刚接触英语时的教学工作,这种错误的看法使他们教给学生简单的语音知识后就弃之不管,使学生缺少实践所学语音知识的机会,结果是很多学生虽然在词汇和语法上有了很大的进步,但听说能力却停滞不前。

四、演绎法和归纳法相结合的原则

由于学生具有一定的理解和归纳能力,因此教师在语音教学中可以将演绎法和归纳法结合起来。请看下面关于句重音的一个教学课例(该教学课例是一个关于污染的讲座):

(1)首先要求学生在每个短语或意群最重要的词(或音节)上点一个黑点。意群已经用"/"分开。

Let's continue our discussion of pollution./ Yesterday we defined pollution./ Today we'll talk about the impact of pollution/... its far-reaching effects./ Many people think that pollution is just a problem for scientists/ but it's not just a problem for scientists./ It's a problem that affects everyone./ Because it affects human lives,/ it's a health problem./ Because it affects property,/ it's an economic problem./ And because it affects our appreciation of nature,/ it's an aesthetic problem.

(2)要求学生听原文录音,检查自己的标注是否与原文录音一致。

(3)要求学生对录音进行模仿,尤其是重读音节。

(4)要求学生分组讨论句重音的特点,想一想句重音还有可能会在哪些语境下发生。

(5)要求学生汇报讨论的结果,然后教师进行总结。

在这个教学课例中,教师首先让学生接触语篇,让学生判断句子重音,然后根据这个段落的句子重音来发现和归纳句重音的特点,这属于归纳法;而最后教师的总结,属于演绎法。

五、适当使用英汉语音对比原则

语音是语言的基本物质外壳和表达手段。要充分了解某种语言的本质，首先要懂得这种语言的语音特点。同样，如果要充分了解两种语言的异同，也必须对这两种语言的语音特点进行比较。英语和汉语是非亲属语言，前者属于印欧语系，后者属于汉藏语系，两者差异较大。对于这样两种语言，它们的语音是否可以进行比较呢？答案是肯定的。因为人类的语言尽管千差万别，但语音都有共同的物理属性和生理属性，人类表达喜怒哀乐的方式也基本上相同，在言语交际中人们也往往力图用最简便和省力的方式进行。所以，有许多语音现象，如语音的弱化、省音、同化、异化等在人类语言中普遍存在，这在英语和汉语中自然也不例外。这些条件构成英汉语音对比的可能性，同时，它们也是进行英汉语音对比的基础。

英汉语音有一些相似之处，如英语和汉语都有元音和辅音，有些音的发音相似，但这两种语言中大部分音发音不同。有些音英语有而汉语没有，如双元音。英语中双元音的发音是从前一音向后一音滑动，前长后短，前重后轻，动程比汉语宽，舌位变化大。中国学生在发双元音/aɪ/、/əʊ/、/eɪ/、/ou/时，通常会受汉语复韵母ai, ao, ei, ou 的影响，后一个元音会发得更加响亮。对于汉语中没有的音，如齿音/θ/和/ð/，中国学生常把/θ/发成唇音/s/或/f/，把/ð/发成/d/或/z/。另外，英语和汉语在单元音、辅音和超音段音位方面的不同，也需要学生了解，避免受母语的干扰。教师在教学中可以采用显性教学法，如展示发音部位剖面图，让学生直观地了解英语音素的发音部位和发音方法，以及与汉语相似音的区别；还可使学生进行单音训练或使用最小对立体的对比练习（如/p/和/b/，/t/

和/d/，/ɪ/和/i:/），尽量做到发音到位、准确，如学生有错误发音，教师要及时纠正。英语和汉语中的超音段音位也有很大的差别。教师应先比较两种语言中重音、停顿、语调等的差异，接着做句子语音练习，然后进行篇章练习，即在诗歌、戏剧和故事中让学生大声地进行朗读练习。

六、利用教育技术手段原则

任何时代的教育都存在一个传统手段和现代手段相结合的问题。关键是，要提高教育工作的效率和规模，就必须尽可能充分发挥教育技术手段的作用。例如，计算机、网络、多媒体教育技术等手段已广泛运用于英语教学，在教学中使用这些技术作为英语语音教学的辅助手段，可以产生显著的效果。

（一）使用多媒体、网络技术

多媒体技术将文本、图形、动画、静态影像、动态影像、声音等有机地联系在一起，从而将语音学习置于色彩、声音以及影像等的综合环境中。技术水平高的教师可以利用音像编辑软件或多媒体软件生成器 Callgen 系统制作语音教学课件，课件可包括语音知识、发音方法、朗读技巧、发音练习、课外视听、朗读材料、测试等，各种媒体交互使用，使教学更加灵活、方便和快捷，既有利于传播信息，又有利于学生自主学习。教师也可以利用现成的语音教学课件和语音教学资源网站。

多媒体语言实验室在语音教学中发挥着重要作用，音像设备、CD、VCD、DVD 等不仅使语音教学生动活泼，而且还可以提供个性化的学习环境，使学生可以自己练习、模仿、录音，通过呼叫的方式请求教师帮助等。同时，教师可将学生分成学习小组，组内学生互相帮助来解决各自存在的语音问题；可通过监听进行个别指导，并及时纠正学生发音等方面的错误；还可以利用语音系统建立学生语音档案，进行个别辅导和全班测试。

（二）使用 Praat 语音分析软件

Praat 语音分析软件可以用来分析音段音位和超音段音位，如最小对立体（音素辨别）、词重音、停顿、句重音、语调、声调等。它可以用来显示和分析语音特点，如音长、音量的强度、停顿时间的长短和声调的高低等。可以利用 Praat 软件进行可视化教学。当学习单元音/ɪ/、/iː/、/e/、/æ/时，学生通常很难区分它们，这时，可以用 Praat 软件算出它们的音长，以这些音的声谱图可以直观地展示这些音的音长。Praat 软件同样可以用于音素、单词发音、重音、节奏、语调等方面的教学。教师如果教学生朗读句子，可要求学生用 Praat 软件将自己的发音录下来，然后将自己的声谱图与标准的声谱图进行对比，就可以看出说英语的人发音中停顿、句重音的位置，哪些音声调高、发音时间长和哪些地方需要升调。学生可以借助 Praat 软件在教师指导下发现自身的问题与不足。学生通过不断练习，逐渐使自己的声谱图与标准的声谱图接近。Praat 软件使抽象的语音教学变得形象直观，使学生更清晰地了解了英汉语音的差异。

（三）使用语料库

所谓语料库（corpus），就是在语言学研究中，为了自然语言处理（natural language processing）研究，大规模汇集自然出现的口语以及书面语，利用电脑进行加工，以电子形式保存的语言材料库。通过利用语料库，人们可以更加客观、迅速地对自然语言进行分析。通过对大量客观事实的观察和把握，可以自下而上地总结出各个语言现象的规律。对于理论语言学以及应用语言学的研究等，语料库已经成为不可缺少的基础资源。

随着计算机语料库技术的成熟及发展，基于语料库的研究已经涉及语言和语言教学的诸多方面。但在英语教学中，语料库还未普遍应用于教学实践，在此将介绍如何将语料库应用于英语语音教学。

（1）呈现语音知识。用语料库呈现语音知识，不仅可以吸引学生的注意力，还可以强化学生的记忆。例如，为了让学生学习-es 的发音方法，可以在一个小型的语料库中检索含有-es 结尾的词，并让学生观察，然后总结发音规律。

（2）确定教学的重点和先后次序。下面是通过检索口语语料库得出的元音和辅音使用频率（由高至低）的顺序：

元音使用频率：/ə/、/ɪ/、/e/、/aɪ/、/ʌ/、/eɪ/、/iː/、/əʊ/、/æ/、/ɔ/、/ɔː/、/uː/、/ʊ/、/ɑː/、/aʊ/、/ɜː/、/eə/、/ɪə/、/ɔɪ/、/ʊə/。

辅音使用频率：/n/、/t/、/d/、/s/、/l/、/ð/、/r/、/m/、/k/、/w/、/z/、/v/、/b/、/f/、/p/、/h/、/ŋ/、/g/、/ʃ/、/j/、/dʒ/、/tʃ/、/θ/、/ʒ/。

在平时的语音教学中/n/和/l/并非教学重点，而这两个音素的使用频率却很高。在我国南方方言中，汉语拼音中的"n"音通常发成"l"音，许多南方的英语学习者/n/和/l/不分，将 night /naɪt/说成 light /laɪt/。因此，应让学生着重区分这两个音。

（3）利用语料库设计语音教学活动，学习划分英语语调单位，学习重音和语调模式等。例如,在教授语音语调的语篇功能时,可以利用已经作了语音语调附码的大型口语语料库(LLC 和 SEC)。教师可以将所有含有降调的实例从语料库中提取出来,让学生讨论并总结一些规律。他们会发现,降调常常发生在所有准备讲话的篇首和即席演说中的话题转变之时。

(4)利用语料库解决学习者的语音问题。教师要求学生录制一段自己的录音,然后与语料库中本族语者的发音进行对比,找出差距。

七、趣味性原则

教育家第斯多惠(Friedrich Adolf Wilhelm Diesterweg)说:"教学成功的艺术就在于使学生对你所教的东西感兴趣。"兴趣是学生学习的先决条件,学生只有对学习英语感兴趣,才能学好英语。而只有学好英语,学生才能长时间保持学习兴趣。这就要求教师在一节课开始的几分钟时间内营造出激发学生想听、想说、想做、想学的语言情境和氛围,使学生全身心地、积极主动地进入学习状态。激发学生学习兴趣和欲望的方法很多,如教师可以从学生关注的话题和学生的生活经验出发设计导入活动,使学生直观了解该语言现象所使用的场合,并与自己所熟悉的环境相结合,从而缩短学生运用英语与生活之间的距离,使学生产生用英语表达的欲望。

(一)英语语音游戏的运用

教师可以采取较为活泼的教学方式来提高学生的语音学习兴趣,如组织英语语音游戏。霍伊·翰可克（Hoe Hancock）提供了大量的英语语音游戏范例。例如，他用 Bingo 游戏让学生辨别最小对立体。教师将事先设计好的卡片（先选好要训练的单词，在 4×4 或 5×5 方格中随机填写这些单词）发给学生，然后随机读出卡片中的词，要求学生划掉听到的词，当某个学生划掉的词是整行或整列时，就叫"Bingo"，他就是赢者，然后请他按相反的顺序将这些单词念给全班同学听。游戏还可循环进行。Bingo 游戏适合不同年龄的学习者。

（二）肢体活动（kinesthetic activities）的运用

在语音教学中，还可以让学生的肢体动起来以达到强化的作用。例如，在训练多音节词重音和句重音时，在重音的位置（↑）让学生站起来，其他次重音和非重音部分则让学生坐下来，如：↑television、↑beautiful。

A：Where are you ↑going?

B：To the ↑zoo. Where are ↑you going?

用手势来教语音，如说话时用手指和手臂来展示语调的变化，将手指放在鼻子上来感受鼻音，用拇指和食指的间距来表示元音的长短等。

（三）Jazz Chants（爵士乐）在英语语音教学中的运用

美国纽约大学英语教授卡洛琳·格雷姆（Carolyn Graham）发现美式英语的节奏和传统的美国爵士乐的节奏十分相似，于是她创作了 Jazz Chants 并在课堂上进行尝试，结果发现学生的发音取得了很大进步，尤其是在节奏和语调方面。Jazz Chants 适合不同年龄和不同水平的英语学习者，它不仅能使学生在学英语时减少焦虑，而且能增强学生的学习兴趣和动力，同时还能调动学生的多种感官，使学生随着 Jazz Chants 的节奏朗读、背诵、说、唱和打拍子，使身体也随之动起来。

下面是一首练习动词第三人称单数结尾 s 发音的爵士歌曲的前半部分。

On the Rocks

You never listen to me.

What did you say?

You never listen to me.

What?

He never listens to me.

He never talks to me.

He just sits around,

and watches TV.

...

Jazz Chants 还将语音教学和交际活动相结合。Jazz Chants 一般都以听和操练开始，以角色扮演（role-play）结束。朗诵对话和吟唱的目的主要是让学生借此来创造自己的对话、短诗和故事，同时创造轻松愉快的语言学习氛围。

（四）说唱音乐（rap music）的运用

说唱音乐是广泛流行于民间的一种艺术表现形式，可单口说唱，也可多口说唱。作为一种曲艺表演形式，费雷勒（Fischler）和金森（Jensen）利用说唱音乐来教英语语音，下面是一首关于双音节动词和名词的重音规律的说唱歌曲：

The accent of a word is the subject we sing,

When the function is changing from an action to a thing. (repeat)

To produce means we make a little more,

But the produce is

the lettuce we buy at the store.

To insult expresses words as cold as ice,

But an insult is the comment that isn't nice.

To record, we build a CD album creation.

A record is a piece of paper with important information.

Refuse is garbage we throw in the trash,

But to refuse we say "no" to that dirty cash.

An object is something we can feel and see,

To object expresses a feeling that we don't agree.

A desert is a hot place with lots of sand,

But desert means that we left our friends without a helping hand.

So when the word is a noun, please remember the rule:

The accent's on the first part, so don't be no fool.

When the word is a verb, don't lose your cool,

The accent's on the second syllable. Now you know the rule.

这首说唱歌曲具有节奏感，不仅能吸引学生的注意力，而且在跟唱的同时也能让学生掌握动词和名词的重音规律。

第二节 英语语音教学的模式

一、较流行的英语语音教学模式

（一）Kachru 模式

美国社会语言学家卡齐鲁（B. B. Kachru）依据世界英语的传播方式、习得途径及在跨文化交际中的功能领域，提出了三个同心圈理论。内圈国家以英语为母语，外圈国家以英语为官方语言或第二语言，扩展圈国家以英语为外语。

卡齐鲁主张平等对待各种英语变体，推动了多模式方法代替单模式方法的多中心英语范式转变。单模式方法假定只存在一种英语，外圈不同国家和地区学习英语的目的及使用英语的情境、功能大致相同。多模式方法则承认英语存在变体，假定以跨文化交际为目的的英语教学存在习得、功能及语境的可变性。学校教育应根据具体语言交际渠道调整英语教学标准。例如，新加坡英语的书面语形式不应和英式英语的标准偏离太远，但是口语和发音是新加坡人民族文化身份的标志，因此可运用受教育人士在国际交流和国内正式场合使用的上层方言（acrolect）作为语音教学模式。卡齐鲁的多模式方法适用于外圈国家的英语教学，倡导外圈国家突破传统教科书、坚持英式英语或美式英语的做法，结合本土化英语变体选用语音模式。

（二）Jenkins 模式

针对英语成为通用语这一事实，英国学者詹金斯（Jenkins）分析了多语课堂和社会情景中非本族语者交际失败与言语适应的相关语料，确立了一组核心发音特征，称为通用语共核（lingua franca core）。这些共核性特征会影响交流的相互可理解性，具有可教性和可学性，可作为国际英语学习者的重点语音教学内容。共核性特征分为音段、超音段和发音姿势三个范畴，主要包括：①除摩擦辅音和舌侧辅音外的所有辅音要发音清晰。②辅音丛位于词中、词尾时可以简化。如 postman 可省去/t/发成/pəusmən/。③元音音量（vowel quantity）比元音音质（vowel quality）重要。元音音量指元音的相对长度，音质和发音的唇舌位置有关。英语变体中元音音量是相对稳定的特征，音质则不然，如 missile 在英式英语中发/ˈmisaɪl/，但在美式英语中发/ˈmɪsl/。④调核重音的位置很重要。⑤有效运用发音器官促进共核性特征的发音。对于元音音质、词重音、节奏、语流音变等可教性不强的非共核性特征，学习者只要在语音接受层面达到可理解水平即可。

詹金斯从社会语言学和社会心理学角度出发，提出了适合外圈和扩展圈国家语音教学的最佳模式：流利双语模式（fluent bilingual model）。和追求完美发音的母语标准不同，该模式教授的是通用语共核性特征，以习得可理解性的发音为目标。通晓双语的本土教师便是该模式的实践者，也是非本族语者在保持自我身份的同时习得可理解性英语发音的生动例证。

（三）Kirkpatrick 模式

澳大利亚学者柯克帕特里克（Kirkpatrick）系统地介绍了三种语音教学模式，分别是本族语模式、本土化模式和通用语模式。

1.本族语模式

本族语模式为扩展圈国家和多数外圈国家所选用，这主要因为：①该模式较为成熟，配套的语法教材、辞典、教参工具已编纂成形，原版教材丰富，国际评估体系完善；②内圈国家的英语教学机构竞相向世界其他国家派出本族语教师，提供英语课程和技能培训，市场优势明显；③出于恪守标准、为本国学生提供国际认可的高水平语言教育的考虑，不少国家教育主管部门倾向于选择该模式。

本族语模式给内圈国家带来了丰厚利润，给标准英语"化身"的英语本族语教师创造了就业机会，但却给"进口国"带来了重重阻碍：①不利于"进口国"本土英语教学。对英语本族语师资的大量需求使一些未受过专业训练的英语本族语者也能被聘用，不利于"进口国"开展教学工作。②不利于大多数本土学生和教师。"进口国"本土教师是学生心目中英语学习的典范，但是聘用英语本族语教师却传递着这样一个信息：本土教师不能完全胜任英语教学工作。本族语模式设定的目标连教师都无法实现，更何况学生？这会使学生产生挫败感，削弱其英语学习的热情。对于少数有机会到内圈国家学习的学生来说，英语本族语教师的教学似乎会令其受益，然而实际情况却并非如此。首先，内圈国家存在许多区域性变体。以英国为例，使用 RP（正宗英式口音）的人数仅占总人口的 3%～5%，苏格兰英语、威尔士英语等其他口音的英语同时存在，这意味着外国学生要听懂其余 95%～97%的英国人的讲话有一定难度。其次，内圈国家的大学也招募来自外圈、扩展圈国家的学者，因此有部分教职工是其他英语变体的"外国人"。最后，大学的学生群体也由不同英语变体的学生构成。

2.本土化模式

本土化模式适用于本土英语变体在正式和非正式场合均被接受的外圈国家，其优势在于：有利于发挥本土教师的优势，增强本土教师的自尊与自信，因为相似的语言习得经验和双语背景使本土教师更能理解学生的学习困难，提供更专业的指导。学生以本土教师为榜样，知道只要努力就能达到该模式规定的语音目标。但是，如果外圈国家的英语变体刚发展起来，还未被社会广泛接受，或者在扩展圈国家，都不宜采取该模式，因为配套教材等法典化资料缺乏，在实际教学操作中会遇到许多问题。

3.通用语模式

在权衡前两种模式的优劣之后，柯克帕特里克主张选择第三种模式，即通用语模式。基于该模式的英语语音教学侧重三点：①明确不同英语变体中哪些发音特征可能会影响可理解性，导致交际困难。②强调文化差异及这些差异对跨文化交际的启示意义。比如，不同于英语本族语者先请求再给出理由的图式，中国人在请求前会先给出理由说明请求的正当性，这种请求图式在东亚文化中普遍存在。东亚地区共有的文化价值观与英语本族语规范有所不同，东亚地区的英语课堂中应对此进行传授，以便于学生和使用英语地区的人士交流。③教授实用的交际策略。通用语模式和本土化模式一样，能给本土师生带来益处。教师和学生不必为了一个无法达到，不切实际的完美发音目标而花费太多时间和精力。通用语模式下，教学目的在于获得可理解性发音，进行有效的跨文化交际。因此，教师应将课堂重心转向学习共核性语音特征、文化信息和交际策略。

上述语音模式基本都主张平等对待世界英语变体，打破英语本族语模式"一统天下"的局面。Kachru 模式适合外圈国家；Jenkins 模式和 Kirkpatrick 模式适合外圈和扩展圈国家，主张由训练有素、精通双语乃至多语的本土教师在通用语共核的基础上进行语音教学。

二、结合我国国情对英语语音教学模式的选择

我国英语语音教学采用的是以 RP 为主的本族语模式。随着世界英语变体的多元化，尤其是中国英语变体的产生与发展，本族语模式是否已经过时？语音教学是否需选择新的模式？为探讨这些问题，以下主要分析本土化模式和通用语模式的可行性。

（一）本土化模式的可行性

本土化模式适合本土英语变体已被社会接受、成为制度化变体（institutionalized variety）的外圈国家。中国是扩展圈国家，中国英语虽已客观存在，但只是用于国际交流目的的使用型变体（performance variety），客观上不具备发展成为制度化变体的政治和社会条件，不能算作一种国别变体。

卡齐鲁总结出制度化变体形成的三个阶段：不承认本土变体阶段，本土变体和"进口"变体共存阶段，以及承认本土变体阶段。本土人士起初对本土变体抱有偏见，认为

"进口的"本族语变体更高级,应该成为学校语言教学的选择,并有意识地仿效。之后,本土变体得到发展,开始被广泛使用,但是本土人士对它的接受程度仍然很低。最后,本土变体作为一种规范被社会接受,成为学校语言教学的一种选择,主要用于国内交流。依然使用"进口"变体的本土人士则被视为"外人"。卡齐鲁进而指出,在扩展圈国家的使用型变体向制度化变体转化的过程中,态度和语言因素同时发挥作用。变体可能在音位、词汇、句法、语篇等语言层面表现出本土特色,但如果整个语言社团在态度上拒绝该变体的存在,继续追求本族语模式,变体的本土化就无法实现。最终形成的制度化变体应具备以下五个特征:在本土使用时间长,使用范围广泛,有功能重要性,有社会语言的地位,本土使用者对变体有情感依恋。

巴特勒(Butler)提出了变体本土化的五个标准:有独特标准的语音,有表达本土特有事物的词汇,在语言社团内有一定使用历史,形成书面文学作品,形成一套工具书。班博斯(Bamgbose)也列举了决定变体本土化的五个因素:人口(使用变体的上层方言人数)、地理(变体使用范围)、权威(作家、教师、出版社、媒体等权威部门使用和认可变体的程度)、法典化(对变体用法以辞典、教科书等书面语形式记录的程度)、可接受性(对变体的接受程度)。

参照以上有关制度化变体形成阶段、因素与特征的阐述可知,中国英语离变体形成的第三阶段很远。最突出的问题是,中国英语尚未法典化,学习者尚未在态度上接受中国英语。通过对我国师生关于英语语言态度和发音偏好的实证研究,我们可以得出结论:师生心目中的标准英语仍然是美式英语和英式英语,多数师生仍追求本族语发音。这也进一步证实中国英语的制度化变体还未完全形成，本土化模式在我国尚不可行。

（二）通用语模式的可行性

詹金斯和柯克帕特里克主张外圈和扩展圈国家教授通用语共核，选用通用语模式。该模式能同时达到三个语音教学目标：①相互可理解性。确保不同母语背景的说话人能听懂对方，不仅是本族语者，更包括广泛的非本族语者。②身份认同。尊重学习者的意愿，通过保持口音表明自己的国籍或民族身份。③可教性。教学内容和练习类型在课堂上具有可操作性，能切实提高学生的语言能力。

在国外，研究通用语的奥地利学者赛德尔霍弗（Seidlhofer）和芬兰学者莫恩（Maumnen）分别发起创建了通用语语料库"维也纳-牛津国际英语语料库"（Vienna-Oxford International Corpus of English, VOICE）和"学术英语通用语语料库"（English as a Lingua Franca in Academic Settings, ELFA）。VOICE建成较早，包含发生在欧洲各种职业、学术、休闲场合的自然录音语料和一百万词的转写文本，说话者约1 250名，以英语为通用语，来自50种母语背景。从地理位置上看，以赛德尔霍弗为首的欧盟、以柯克帕特里克为首的东盟的通用语研究阵营业已形成，并取得了一批实证研究成果。沃克（Walker）所著的《英语通用语发音教学》详细说明了教学规划、方法、材料与评测等环节，为教师实施通用语模式下的发音教学提供了实用参考。我国学者孙洪丽、崔晓红介绍了詹金斯的通用语共核理论，对通用语背景下的国内英语语音教学进行了思考与分析。但是，将通用语模式付诸语音教学实践，检验其有效性的研究几乎为零。

教育界对通用语共核的概念及通用语模式的可行性尚存疑问：

第一,通用语共核的提出是基于英语交际大多发生在非本族语者之间的假设,因而学生无须接受本族语话语特征训练。这一假设在较大程度上与现实情况不符,如英语大众传媒仍以英语本族语为主要语言,我国出现留学低龄化趋势,部分学生选择到内圈国家上初中、高中。如果语音教学仅限于核心语音特征的讲授,则会导致学生在与英语本族语者交流时无法解码本族语中的非核心语音特征。

第二,通用语共核重视音段音位特征,忽略了超音段音位的重要性和可教性。詹金斯分析发现,非本族语者之间的交流障碍多由音段错误引发。和本族语者处理话语的策略不同,非本族语者采取的是自下而上的加工策略,尤其在加工负荷过大时,无法通过语境或句法信息弥补发音错误引起的信息缺失,由此语音教学一般把重点放在音段音位上。音段音位固然重要,但超音段音位教学同样不可忽略。比如,中国英语的语音特征主要体现在超音段音位层面,因而目前国内语音教学也重视超音段音位,认为这是实现英语流利性和可理解性的重要方面,而且许多超音段特征并非不可教、不可学。

第三,通用语模式剥夺了学生自主选择发音目标的权利。对于扩展圈和外圈国家英语学习者语言态度的大量研究表明,学习者依然追求本族语发音,认为近似母语发音是英语学习成功的标志。有的学习者确实有学习语音的天赋,教育工作者应当在教学中对这类学习者给予重视。

鉴于对通用语共核的质疑以及通用语模式教学规范和实践经验的缺乏,我国的英语语音课堂暂时不宜采取通用语模式。

从上述对本土化模式和通用语模式的可行性分析可知,我国现阶段的英语语音教学仍应坚持本族语模式，同时应融入包括中国英语在内的世界英语变体特征的讲解。

三、对英语语音教学模式选择的思考

扩展圈国家和地区的英语语音教学存在诸多共性问题。由此，笔者借鉴东亚国家日本、中亚国家乌兹别克斯坦以及我国香港地区的英语语音教学实践经验，从师资、教材、教法和评估四个方面入手，探索我国英语语音教学的可能路径。

（一）师资

柯克帕特里克指出，受过训练、英语水平高、有多语背景、文化敏感、经验丰富的本土教师是东亚国家理想的英语教师人选。相关研究表明，本土教师和外籍教师相辅相成，缺一不可。我国大学师生也赞成由本土教师和外籍教师同时进行教学。因此，英语语音教学应从以下方面确保师资质量。

1. 优化外教的聘用和管理

我国外教聘用没有统一的政策规定，导致部分未经职业训练、素质不高的英语本族语者进入我国英语教学界。我国香港地区在外教聘用和管理方面积累了不少成功的经验。香港教育部门按照学历学位、教师资格、教学经历等硬性要求统一聘用外教，并明确规定外教受聘后的工作职责。因此，内地教育主管部门应借鉴香港的成功经验，明确规定聘用外教的学历、职业资质、教学经历等条件，聘用方应负责对外教进行文化适应和中文会话能力培训，并加强绩效管理。

2.适当聘用非内圈国家的英语教师

外教聘用不应只局限于内圈国家人士,也可考虑外圈或扩展圈国家受过职业培训、精通英语的人士,使学习者有机会接触、体验各种英语变体。日本亚洲英语协会奠基人、*Asian Englishes* 期刊主编 Honna 教授反对日本的大学使用英语本族语模式,主张聘用印度、新加坡等外圈国家人士担任英语教师,以帮助学习者领会英语不仅属于英、美等国。自 1997 年起,日本公立学校开始正式招聘英语非本族语者担任助理语言教师,目前已有一大批英语非本族语者融入公立教育系统的英语师资队伍,其存在也能让学生意识到日本英语的价值。

3.加强对本土教师的培训

全球 80%的英语教师是本土师资,因此培养他们的世界英语理念至关重要。正如日本学者 Matsuda 所呼吁的,高校应该将世界英语课程纳入新教师的职前培训。Honna 的调查表明,组织相关工作坊能切实改变教师对英语变体和日本英语固有的消极态度。我国可加大培训本土师资的投入,支持教师到国外进行短期职前或在职培训,这种教育投资具有经济学与教育学的长期效应。比如,乌兹别克斯坦国立世界语言大学和美国高校合作,选派英语教师参加职业发展项目,接受教学法、反思教学、课程评价和教材开发方面的专业指导,提高了通用语背景下教师的英语教学能力。与签订短期服务合同的英语本族语教师不同,本土教师长期留在本国,他们的专业知识、教学经验会使学校和学生长期获益。

(二)教材

我国英语教材的语音以英式发音和美式发音为主,很少包含外圈和扩展圈国家语音。为弥补这一缺陷，教师可自选或自编教学辅助材料。教材除了呈现英语本族语变体和中国英语的本土化语音特征，还应选择学生在实际生活（如出国旅游、观看英美等国的影视节目）乃至未来职场（如国际商务谈判）中可能应用到的英语变体。

纸质教材首推沃克的《英语通用语发音教学》。该书描述了10种母语背景人群的发音特点，配套录音光盘和转写文本，为师生感受、鉴别多种英语口音提供了宝贵资源。非纸质教材可使用国外的通用语语料库（如 VOICE）、英语口音档案库（如 International Dialects of English Archive, IDEA）以及不同口音的网络音频和视频资料等。Hino 曾于 1989—1992 年主持过一档英语教育广播节目 *English for Millions*，该节目一反同时期英语教学节目固守本族语传统的做法，邀请外圈和扩展圈国家的嘉宾跟主持人一起畅谈各类话题，是一个完全由不同语言文化背景的英语非本族语者参加的脱口秀节目，也是以英语为通用语既展示本土文化又实现国际交流的成功案例。Hino 还把这一深受好评的节目的录音文本编辑成册用于教学。中国国际电视台的《对话》等电视访谈节目的视频资料也可用作世界英语变体教学的辅助材料。

（三）教法

高一虹、林梦茜对北京奥运会大学生志愿者的研究显示，学生对世界英语变体的辨识能力有限，对中国英语以外的其他变体了解甚少，从而影响了他们与世界英语变体使用者的交流。由此可见，教师有责任通过有效的方法培养学生的世界英语意识。

首先，将世界英语变体纳入常规教学。教师使用不同英语变体的音频、视频材料，对学生进行接受性语音训练，使其熟悉典型的发音特征，提高对多种口音的辨识能力。

其次，向学生传授交际策略和语言手段（如手势、面部表情），增加会话的可理解性。英语通用语者的常用策略包括误解产生前的预防性策略和误解产生后的回应性策略，前者包括确认核实、自我修补（如改述）、互动式修补等，后者包括基于语境推测意义、直接提问请求澄清意义、复述有问题的片段暗示对方、解释本土文化的特有表达等。在教学过程中，教师可结合视听材料解读不同英语变体蕴含的文化信息，培养学生对文化差异的敏感性和宽容性，引发他们对"语言帝国主义"和"文化失语症"的思考，树立平等的多元文化价值观。

（四）评估

长期以来，我国英语语音教学评估以讲一口纯正的英音或美音为最高标准，考虑到现阶段我国语音教学仍坚持本族语模式，这也无可厚非。然而，在英语国际化与全球化背景下，语音评估也要进行相应改革。孙洪丽、崔晓红主张将语音考查重点放在影响可理解性的核心语音上，只要不影响话语整体的可理解性，对和本族语发音有出入的发音就不用太过追究。文秋芳强调，英语既然作为国际语，非本族语者学习英语成功的标准应该是在全球化背景下交际的有效性，不应再以本族语为参照体系。因此，语音评估应看学生能否听懂不同口音的英语，并确保其语音具有较高的可理解度，对不影响意义传递的形式错误应持宽容态度。

我国学者的观点也符合国际语言测试的发展趋势。早期的语言测试基于"缺陷模型"（deficit model），强调形式的正确性，考生不能做到或做得不好就要受到惩处，语音不允许偏离本族语规范。当今测试标准更看重考生能做什么，侧重话语的可理解性及交际的有效性。这一重心的转移是语言教学从注重知识、形式转向注重功能、交际的体现。剑桥大学 ESOL（English for Speakers of Other Languages）考试中心也开始关注考生的国际需求，口语考试的语音部分不再考查考生的语音语调与本族语发音的接近程度，而是考查发音的可理解程度以及对口语交际的总体影响。语音评估观念的发展对教学产生了积极影响，不仅促使教师客观评估学生的英语交际能力，也推动学生将更多的注意力放到交际的有效性上，从而更加自信地使用英语。

英语语音教学模式的选择取决于诸多因素，如学生语音学习的目标、教师的专业技能与观念、教学资源的可用性、对世界英语变体的社会态度、教育主管部门的支持等。现如今，世界不同国家和地区的英语教育界正逐步把世界英语的理念融入课程教学与项目实践。土耳其伊斯坦布尔文化大学开设了世界英语交际能力课程，澳大利亚蒙纳士大学实施了英语国际语项目，我国香港大学出版社于 2011 年出版了《香港英语大辞典》。这些成功的实践案例虽为数不多，却也是宝贵的经验。我国现行英语语音教学虽然仍实施本族语模式，但中国英语已呈现出不可阻挡的发展趋势，英语课堂将不可避免地使用本土化模式。我国英语教学工作者应探索将世界英语的抽象概念转变为具体实践的路径，解决扩展圈国家语音教学的共性问题，为语音教学模式的转化做好准备，共同推进英语语音教学改革和发展。

第三节　英语语音教学的策略

英语语音教学的成败与策略的选择和运用有直接的关系。教学策略是指教师根据具体情境，运用一定的教学理论去解决某一教学实际问题的策略。教学策略既有观念功能，又有操作功能，介于理论与方法之间，既包含能指导课堂教学的教学理论，又包含能解决课堂教学问题的带规律性的教学方法。

英语语音教学策略是根据教学目标、学生的现有语言水平、教学内容和教师本身的英语语言素养确定的。笔者从教学实践和理论的研究中提炼出一些英语语音教学策略，期待它们对英语语音教学实践有所助益。

一、英语语音教学展示策略

语音学习是语言学习的重要基础，在很大程度上决定了一个学习者在语言方面的发展。英语语音教学展示取决于以下三个条件：一是教师应当明确语音教学的内容；二是教师应当制定符合现实的语音教学目标；三是教师应当了解影响语音教学的诸多因素。

（一）明确语音教学的内容

语音教学的内容就是英语语音教师必须首先考虑的问题。基础教育阶段的语音教学目标是培养学习者听音、辨音和正确发音的能力，根据语音的构成及交际中所涉及的语音类型，语音教学包括以下几个方面的内容：

一是正确的发音。发音包括单词发音和句子发音,同时学习者也要掌握重读、连读、送气减弱、语调、节奏等技巧。因此,语音教学的内容不仅包括音素、音节、单词发音,还应包括重音、连读、略读、送气减弱、语调和节奏等。

二是语音在不同语境下的不同表意作用。重音、语调、意群等都会对交际者意义的表达产生影响。同一话语,重音不同,句子所表达的含义也就不同。此外,不同的语调所表达的含义也不同,如降调表示肯定,升调表示疑问,降升调表示惊讶等。例如:

Close the window, will you?(如果将 will you 读为升调,则表示请求)

Close the window, will you?(如果将 will you 读为降调,则表示命令)

(二)制定符合现实的语音教学目标

既然英语语音发展要受到以上若干因素的影响,仅仅简单地要求学习者达到英语本族语者的发音水平显然不符合现实情况。制定符合现实的语音教学目标,归纳起来,主要包括以下三个方面:

(1)一致性(consistency):语音流畅、地道。

(2)易懂性(comprehensibility):他人容易听懂的语音。

(3)交际的有效性(communicative efficiency):利用语音准确地传达自己的交际意图。

有的学生花了很大的力气追求语音的正确而忽视了语音的流畅和地道,以致自己的语音不够自然,使人听起来非常不舒服;还有学生为了追求语音的流畅和地道,放弃了语音的易懂性。这都是不可取的,因为令人听不懂或者听起来非常不舒服的语音是没有意义的，对于交际者任何一方来说，都会产生不愉快的感觉。此外，在现实的交际过程中，仅仅具有一致性和易懂性仍不能确保交际的顺利进行。例如，要求学生能够流畅而清晰地说"sorry"并非难事，但是如果语调不准确，那么所表达的意义或许恰好相反。因此，交际的有效性也是必不可少的。

（三）了解影响语音教学的诸多因素

影响语音教学效果的因素主要有以下几个方面，这也是教师必须了解的。

1.母语

母语对二语习得的影响是多方面的。比如，母语对学习者中介语语音具有重要影响的观点受到普遍认可，因为在语音方面我们不能忽视母语的影响。但是，对于语音之外其他方面的影响，不同的研究者有不同的看法。目前，在我国，英语是作为一门外语来学习的，任何一门外语的学习总要建立在一定的母语基础之上，母语中已经建立的知识和技能对外语学习必然会产生影响。汉语是表意语言，英语是拼音语言，二者分属不同的语系，语音的差异性较大。英语语音和汉语语音的差异主要表现在发音特点、语音构成、音节的轻重读音、语音语调等方面。此外，英语语音和汉语语音的音节组成、辅音的清浊、元音的长短等方面都存在差异，这些差异都会给中国学习者学习英语语音带来不同程度的困难。例如，同是辅音，英语中的/s/、/z/和/ʃ/与汉语中的[s]虽然发音方式有些相近，但仍然存在不同程度的差异。又如，英语中存在连读现象，即语流中词与词之间的音素连读，目的是简化发音动作，提高语速。中国学习者习惯于逐字朗读，因而难以将英语中词与词之间的音连读。

2.年龄和性格

研究表明，由于大脑缺乏适应能力，过了青春期（约 12 或 13 岁），语言学习会变得越来越困难，尤其表现在语音学习上。学习者学习外语的年龄越小，带母语口音的可能性也越小。这可以从生理和心理两个角度解释：从生理角度看，学习者已经掌握了母语发音规则这一事实妨碍了他们对外语的领悟力，而且，随着年龄的增长，母语系统变得愈加稳定，对学习者外语领悟力的影响也越来越大。从心理角度看，由于语音是语言的一种外在形态，因此语音是讲话者个性的一部分，讲话者年龄越大，就越注重保留个性而不愿轻易接受新的发音习惯。可见，学习者的发音习惯一旦形成，要想改变难度就相当大。很多成年学习者发现，他们能够在词汇和语法等方面取得快速进步，但他们的英语发音却难以改进。在口语方面，一些学习者往往具有较强的自信心，敢于在陌生的场合大胆讲外语，不怕出现语法或语音方面的错误，因此能够获得更多的交流机会；而另一些学习者则尤其关注语言输出的正确程度，由于担心出错而常常感到焦虑不安。同时，外语学习的成功体验会增强学习者的自信心，促进其良好性格的形成，二者相辅相成。因此，教师应注重学习者的性格差异，根据学生的性格特点，因材施教，提高英语语音教学的效果。

3.语言输入和语音能力

在外语环境下，学习者获得语言输入的方式对语音发展起重要的促进作用。在英语语音教学过程中，呈现语音信息的方式有两种："自下而上"式与"自上而下"式。前者是指语言信息的流动方向为从下至上，即字母或音素→单词→句子→语篇；后者是指语言信息的流动方向为从上至下，即语篇→句子→单词→字母或音素。音素是区分两个单词的最小的语音单位，字母是语言的书写形式，两者皆不能表达意义。单词虽然能表达词义和概念，但也不是交际中的基本单位，句子才是交际的基本单位，并构成语篇。因此，孤立地学习音素或字母、单词的发音意义不大，因为学习者不接触语言输入中的句子或语篇的语流就无法领悟英语中地道的语音语调。我们主张以上两种方式相互结合，使学习者在对音素和单词进行模仿和练习的基础上，掌握正确的音素和单词的发音。同时，又能在有意义的交际语境中理解语流，使用自然流畅的语音语调实现交际活动的顺利进行。语音能力通常也被认为是语音编码能力或听力辨析能力，是学习者天生具备的、有助于其成功掌握语音的能力。研究表明，发音练习能够帮助学习者具备良好的辨析能力。语音能力包括：区分不同声音的敏锐听觉；掌握发声部位并准确地发出语音的良好动觉；区分所感知和发出的语音中的语调特征；控制听觉和动觉的能力以及协调发声运动的能力等。由于人在生理学角度方面的差异，学习者的语音能力也各不相同。有些学习者天生对声音敏感，并善于模仿，有些学习者在发音方面能够达到本族语者的水平，但是对大多数学习者来说，这个目标的达成存在较大难度。

4.学习态度和动机

国外研究表明，态度包括三个组成部分：认知，即个人对事物的信念；情感，即个人对事物的褒贬反应；意动，即个人对待事物或采取行动处理事物的倾向性。就英语语音学习而言，学习态度是指学习者对英语语音学习的认识、情绪、情感、行为及在英语语音学习上的倾向。国外研究发现，成功的学习体验使学习者对学习外语产生积极的态度，使其取得更好的成绩。反之，失败的学习体验使学习者对学习外语产生消极的态度，使其成绩变得更差。目前，学习者对英语语音学习的态度主要取决于其在课题学习中的体验。教师、同学、父母对英语的看法以及社会环境都会对学习者学习英语语音的态度产生不同程度的影响。学习态度与学习动机有着密切的联系,动机来自态度。学习动机包括三个方面的因素,即动机的内在需求、外在诱因和自我中介调节作用。对教师而言,在课堂教学中培养和激发学生的学习动机,具有重要意义。具有强烈外语学习动机的学习者,学习效果自然好;而缺乏外语学习动机的学习者,则往往把外语学习视为一种负担,学习效果自然不会好。因此,在当前英语语音教学环境下,如何采用积极的手段使学习者认识到英语语音的重要性,培养其学习英语语音的兴趣,激发其学习英语语音的动机,是英语语音教学中的重要一环。

二、英语语音教学训练策略

语音训练如果局限于单个语音而不是句型练习,学习者很容易感到枯燥,并减弱学习的兴趣。并且,无论是音素练习,还是重音、音调练习,都应尽量是有意义的练习。

(一)辨音训练

辨音训练的目的是培养学习者辨认和区分不同语音的能力,能够正确地辨别语音是提高学习者听力能力的关键。辨音训练包括教师利用最小对立体、按照语音标出单词顺序、单词语音对比、辨别一组单词中具有不同语音的一个单词、填空等。

(1)利用最小对立体。所谓最小对立体指的是那些除一个音素外其他完全相同的音素组合,如 hot、hat、hit 就叫作最小对立体。这种方法的优点是,在最小对立体中,仅仅只有一个音素不同而导致了语音组合的意义不同,那么就说明这个音素能够区别意义。教师阅读各组中的任一个单词，让学习者判断并找出所读单词，例如：

bid—bed　fill—fell　lid—led

till—tell　ship—sheep　will—well

（2）按照语音标出单词顺序。教师以不同顺序阅读一组单词，让学习者按照语音特点标出每次阅读的顺序，例如：

pit pet bet　　bet pit pet　　pet pit bet

<u>123</u>　　　　　<u>312</u>　　　　　<u>213</u>

（3）单词语音对比。教师阅读几组单词，让学习者判断每组的两个单词是否一样，例如：

met meet　　well will　　<u>well well</u>　　<u>will will</u>

tank thank　　green grin　　cart cut　　soup soap

sit seat　　<u>seat seat</u>　　least list　　<u>list list</u>

（4）辨别一组单词中具有不同语音的一个单词。教师按照不同顺序阅读一组单词，让学习者说出第几个单词中的语音与其他三个单词不同，例如：

bit bit bit pit（第四个不同）

lid led lid lid（第二个不同）

bag bag back bag（第三个不同）

load loud load load（第二个不同）

（5）填空。教师阅读一系列单词，这些单词发音有一处存在差异，让学习者根据自己听到的单词发音，写出单词的完整形式。例如，教师阅读单词 gate、late、mate、fate、 date、hate、rate、Kate，让学习者写出单词的完整形式：

___ate ___ate ___ate ___ate ___ate ___ate ___ate ___ate

（二）重音训练

英语中重音包括单词重音和句子重音，单词重音往往决定一个单词的结构和词性。如果交际者将多音节单词中的重音读错，其他交际者显然就会难以理解该单词的意义。如果交际者读错句子重音，那么其他交际者就很可能无法正确理解讲话者的意图，甚至对交际者所传达意义和态度产生误解。教师可以利用打手势、提升音调、在黑板上标识等方式，来加强学习者对重音的认识。

（1）打手势：教师通过拍手或挥动手臂告诉学习者重音的位置。

（2）提升音调：教师提升音调告诉学习者重音的位置，可以适当夸张。

（3）在黑板上标识：教师用彩色粉笔将黑板上单词或句子的重音标出，或者将重读部分特意以较大字母写出来。

（三）语调练习

英语语调以极其微妙的方式表达讲话者的交际意图或态度，如惊异、抱怨、讥讽、友善、恫吓等。因而，英语学习者要想达到良好的交际效果，不但要发音准确，而且要能够运用正确的语调。实践证明，语调是英语学习者最难以掌握的一项内容。

英语语调或升，或降，或高，或低，一般都落在短语或句子的最后一个重音上，这和汉语大不一样。为了便于学习和模仿，最终达到掌握英语语调的目的，我们大致将其归纳为以下四种：

（1）降调，在重读音节中以↘来表示；

（2）升调，在重读音节中以↗来表示；

（3）降升，在重读音节中以↘↗来表示；

（4）平调，在重读音节中以→来表示。

需要特别指出的是，正确的语音语调只有在完整、综合的句子或话语语流中才能被理解和掌握，因为无论是听、说，还是朗读，都不是以孤立的音素和单词为单位而开展的。事实上，孤立的音素和单词的发音在完整的交际语流中会产生很大的变异。例如，短语 good afternoon 中两个词 good 和 afternoon 的音要读成一个词音，即/ˌɡʊd ɑːftəˈnuːn/，短语 wait for him 中三个词的音要读成一个词音，即/ˈweɪt fəhɪm/。因此，学习者应该借助交际情景中句子和语篇的语流来提高自身的英语语音和语调能力，然后从语流中分析出单词发音，再到音素，以模仿和音位讲解相结合的办法，掌握正确的音素和单词发音，最后再回到综合的语流中运用，以达到掌握自然、流畅和地道的语音、语调的目的。当然，语音训练一定要遵循趣味性原则，即教师应在学习者理解语句、语篇意义的基础上，根据学习内容，组织开展生动活泼的语音训练活动，如玩游戏、比赛、读绕口令、唱歌等，让学习者在轻松愉快的气氛中，感受英语语音的节奏美。

三、英语语音教学评价策略

语音评价是对学习者语音输出的评价。引导学习者进行语音输出的方法有多种。例如，教师让学习者听句子，然后根据听到的信息填空。

He said there was something wrong with the____(race, rice).

My father believes that____(vine, wine) is very good.

It was almost eleven o'clock when we____(found, phoned) them.

His____(classes, glasses) are too big.

It is their good____(lock, luck) that kept the money safe.

从题目的书面形式看，学习者无法判断所选的词汇，必须认真倾听，才能确定要填充的词汇内容。教师正是以此来评价学习者是否真正能够区分最小对立体的发音的。

请看下面一则语音评价题目：

Children love to____games. （答案是 play）

Black and white____grey. （答案是 make）

After April comes____. （答案是 May）

Hurry up! Don't be____for school. （答案是 late）

We study in the same class. We are____. （答案是 classmates）

答案中的每个单词都含有一个双元音/ei/，教师原本计划根据填充情况，考查学习者对该双元音的掌握程度。但是，学习者有可能只根据上下文就能填充答案。因此，应尽量避免使用这类题目评价学习者的语音学习效果，否则评价的信度和效度就会缺失。

又如，教师向学习者提供一组单词，这些单词中包含同一个音素或相似音素，如 bad，black，calm，fast，dark，last，glad，sad，然后让学习者用这些单词造句。造出的句子要尽量诙谐、幽默，每个句子尽量多用所给单词，教师根据学习者在使用单词时的发音状况，来判定学习者是否掌握要考查的音素，同时对学习者的句子重音、连读、语调等方面也加以评价。

对那些语言水平较高的学习者，教师可以采用有意义的语境加以考查，如将考查的语音置入有意义的语境中，教师在学习者完成学习任务的过程中，注意观察学习者是否掌握这些语音。例如，学习者根据下列对话开展角色扮演活动：

Learner A: What's wrong with you, Mr.Bloggs?

Learner B: I hate this horrible job.

Learner A: What job?

Learner B: Washing socks.

Learner A: What do you want to do?

Learner B: I want a holiday.

如果条件允许，教师可以利用录音或录像等为学习者建立语音进步档案，以提高学习者的自信心，进一步激发学习者的学习兴趣。

事实上，语音评价和考查往往会与学习者对其他方面的知识和技能的掌握情况联系在一起。

四、英语语音教学多元化策略

在英语语音教学实践中，各大高校应根据教学过程中存在的实际问题进行综合考虑和分析，采取一定的方法改善英语语音教学环境，从而在一定程度上提高教学质量，促进学生英语水平的提升。

（一）加强学生的语音基础教学

在高校英语语音教学课堂上，部分学生由于语音基础不牢，在学习过程中会表现出较为吃力，感到困扰的状态，再加上初高中学习的英语知识，学生在单词读音上的习惯已根深蒂固。对这些问题，各大高校应给予足够的重视。

首先，对于学生语音基础知识的传授，学校可以开展较为系统的教学课堂，针对一定的问题给学生进行系统的讲解。对于缺乏语音系统概念学习的学生，教师也可对其进行单独辅导，通过一对一的教学辅导，促进学生对语音知识的进一步认识与了解。在教学内容上，教师可通过讲解语音的发音技巧、发音规则以及注意事项等一些基本知识，强化学生对语音知识的认识，这有利于学生英语语言知识的学习。

其次，对于部分学生的发音习惯，教师可引导他们在学习语音时先听后模仿，以此改善学生在发音问题上的不足之处。如在教学/ɪ/和/iː/的区别时，因/ɪ/是个较难发音的音，教师可通过讲解口型要领、舌头的位置，来提高学生的读音水平，然后采取听单词进行对比的方法，如分析并学习 eat 和 it、seat 和 sit 等单词的不同发音口型及发音技巧，这样教师不仅可以对学生的学习效果进行检查，还有利于英语语音的后期教学。另外，在课堂上，教师可进行示范，在讲解发音技巧时借助口型图、语音磁带等教学设备，使讲解简单易懂，使学生较好把握。

（二）结合多媒体语音教学环境

在英语语音教学活动中，多媒体课堂是一个较为重要的学习场所。多媒体课堂为学生提供了丰富的学习资源，能够有效地提高学生语音学习的效率。

例如，在多媒体课堂上，教师可整合教材上的学习内容与网络上的学习资源，以完善教学内容。在对学生进行基础发音的训练时，教师可通过视频展示或者标准的发音口型示范，使学生认真仔细地观察和学习。同时，学生可以应用多媒体技术，识别单词与单词之间细微的差别，并可通过一定的模仿改善自己的发音习惯。另外，为强化英语语音学习的课堂氛围，在多媒体课堂上，教师还可开展趣味性的英语词义解析环节，如在学习句子"Never trouble trouble until trouble troubles you."时，教师可以让学生分析句中 trouble 的不同含义，这样不仅可以强化学生对单词不同含义的认识，培养学生善于思考的良好习惯，还可以进一步调动学生的学习积极性与主动性，有效地提高英语语音教学效率。

（三）加强师生之间的学习交流

在语音教学的初始阶段，部分学生由于第一次接触该部分内容，都具有一定的学习热情，因此教师应了解学生的学习心理，结合教学内容，有效地开展教学活动。在课堂上，教师应增加一些互动性问题，从而活跃课堂氛围，给学生创造一个轻松、愉悦的学习环境。课后，教师应鼓励学生之间加强英语方面的沟通与联系，并可通过 QQ、微信等一些较为普遍的社交媒介，及时地关注学生的学习情况。教师可将一些相关的教学材料上传到教学平台中，这有利于学生与教师之间进行深层次的讨论与学习。在英语语音教学实践中，教师可通过加强与学生的课上、课后的交流活动，提升学生的学习兴趣，为教学的有效开展打好基础。

第五章 传统英语语音教学方法

纵观各种英语语音教学方法，笔者注意到，所有这些方法在整体上沿袭了外语教学方法，沿用了各种本来为其他特定教学内容而设计的外语教学方法。换句话说，英语语音教学缺乏为英语语音而研究设计的特定教学方法。因此，传统英语语音教学方法的回顾应是从英语语音的特定视角去分析历史上曾经使用过的各种英语教学方法。

第一节 语法翻译法

一、语法翻译法的概念

语法翻译法又称翻译法、古典法、阅读法，它是外语教学中最古老的一种教学方法。

所谓语法翻译法，是指通过翻译的手段来比较母语与外语语音、词汇和语法的异同，从而达到掌握和运用外语的目的。语法翻译法是双语教学中较为常用的一种方法，它通过讨论两种语言如何互换以达到授课的目的。顾名思义，语法翻译法特别重视语法教学，注重学生阅读能力的培养，同时对母语有很大的依赖，在母语和外语之间进行反复互译，使学生掌握两种语言的异同，达到熟练运用两种语言的目的。

二、语法翻译法的起源

语法翻译法起源于中世纪。当时，人们主要以语法和翻译为手段教授古典语言，如拉丁语、古希腊语等，其目的是阅读经典文献，了解和吸收古代文化。

到了18、19世纪，一些学校开设英语、法语等现代语言课程，于是，语法翻译法逐渐从教授古典语言过渡到教授现代语言。

三、语法翻译法的主要特点

（一）遵从系统性教学规则

语法翻译法认为语法是一套通过讲解和句子解析的、与母语相联系的系统规则。语法教学是语法翻译法的中心任务，贯穿于教学活动的整个过程。例如，教学中所使用的教材应遵循语法体系的内在规律来编写，各种教学活动的效果评价也以语法掌握的程度为标准。总之，所有的教学活动都围绕语法教学而展开，都以掌握本课的语法项目为直接目标，从而形成了非常完整、系统的语法教学体系。

（二）以母语教学为基础

语法翻译法认为母语是外语学习的基础。人们可以根据已有的母语知识来帮助英语的学习。虽然英语和汉语属于不同的语系，但是两者毕竟均为语言，语言学习之间总会存在某些共性的东西。英语和汉语在知识层面也有很多相似的知识点。学生可以根据已掌握的母语知识来帮助自己理解和运用新知识。例如，在英语和汉语中，句子的基本类型是大体一致的。学生对母语的句子类型相对比较熟悉，可以利用汉语的语法知识学习英语语法。

（三）强调教师的主导作用

语法翻译法强调教师的主导作用，教师是教学活动的中心。语法翻译法的顺利实施依赖于教师的指导，教师在教学活动中对语法知识点的讲解和分析是学生学习的重要内容。语法翻译法主要依赖于翻译手段，在此过程中教师的作用不容忽视，教师对于翻译手段的讲解会在很大程度上帮助学生学习英语。

（四）以翻译为主要教学手段

语法翻译法以翻译为主要教学手段。知识点要经过翻译来获得。语言教学实际上就是两种语言的翻译活动，教师通过对语言知识的翻译来促进学生对第二语言的理解和运用。语法翻译法强调利用翻译来学习英语，这样的方法更易于学生对知识的理解。

（五）以句子为教学的基本单位

语法翻译法主张以句子为教学的基本单位。在教学活动中以句子为基本教学范围，有助于培养学生的语言构造能力，使学生在学习语言知识的同时，能够了解第二语言的基本句子结构，有助于其在一定时间的语言学习之后进行语言交流。这样有助于学生将目的语的结构内化，从而提高其使用外语表达的能力。

（六）以语法为教学重点

语法翻译法强调以语法为教学重点，采用演绎法进行教学。精细的语法规则和广泛的词汇知识使得语言输入更易于理解，能够使外语学生将所接触到的各种语言现象系统化，由浅入深地将语言分级处理。这有助于学生在语法知识的学习过程中加强对词汇知识的理解，利用语法知识对所学习的单一的词汇进行分类汇总，有利于学生巩固语言知识，打好语言基础。

四、语法翻译法的运用

在英语课堂上，语法翻译法注重以教师为中心，教师的主要任务是向学生灌输知识，而学生的主要任务就是听教师的讲解，几乎不主动提问，生生之间以及师生之间更没有什么互动。讲解和分析语音、词汇以及语法知识点，讲解和分析句子成分是语法翻译法的主要教学方法。课堂上主要是教师讲授、学生记录，即使教师对学生进行提问，也要求学生运用讲过的内容来回答问题。此外，语法翻译法的课堂用语基本上是母语，主要通过翻译这一方式来检查教学质量。课堂练习的方式主要有造句、翻译、背诵课文和作文写作等。

语法翻译法运用于英语课堂教学通常包括如下步骤（以一节课 45 分钟为例）：

（1）教师带领学生对上一节课的知识进行回顾和复习。教学内容主要为听写单词或背诵课文。（占用课堂时间 8 分钟左右）

（2）教师首先教给学生新单词的发音，让学生反复朗读直至熟悉新词；然后教师对新词的使用进行讲解分析。（占用课堂时间 8 分钟左右）

（3）教师讲解课文中出现的语法规则，并让学生做相应的语法练习，以巩固这一节

课的语法知识。（占用课堂时间 10 分钟左右）

（4）教师逐句讲解分析文章中的句子并进行翻译。（占用课堂时间 10 分钟左右）

（5）教师就讲过的课文提出一些问题让学生回答，从而达到令学生掌握课文内容的目的。（占用课堂时间 5 分钟左右）

（6）教师简单回顾本节课所学的内容并布置作业。（占用课堂时间 4 分钟左右）

五、语法翻译法的优缺点

语法翻译法在我国的大学英语课堂曾占据重要地位，直到今天仍有部分大学英语教师使用这种教学方法进行教学。语法翻译法既有自身的优势，又存在一定的不足。

（一）优点

语法翻译法在长期的语言教学实践中，始终占据着重要地位。语法翻译法的主要优点如下：①可以帮助学生牢固掌握系统的语法知识，提高学生的阅读和翻译水平；②采用母语授课，能消除语言交际障碍，既减轻了教师的压力，又提高了教学效率；③不需要过多的语言设备和教具；④测试教学效果的手段简单。

（二）缺点

语法翻译法的主要缺点如下：①忽视口语教学，虽然学生掌握了词汇和语法知识，但口语表达能力较弱；②过分强调教师在课堂教学中的主体地位，忽视了对学生自主学习能力的培养；③教学形式较为单一，基本采用"教师讲解，学生听讲"的模式，师生之间、生生之间缺乏互动；④忽视了语言教学中的社会文化因素和语言学习者的认知、情感等内在因素。

第二节　直接教学法

随着人们越来越重视口语，针对口语教学的直接教学法也就应运而生。也就是说，直接教学法是针对口语教学提出的，因而对语音语调的训练是直接教学法的主要内容。在采用直接教学法的课堂中，口语被视为基础，教师的工作重点是培养学生口语交际的能力。直接教学法包含三个方面的内容：直接学习、直接理解、直接应用。一般来讲，直接教学法主张不依赖学生的本族语，而是通过思想与外语的直接联系教授外语。直接教学法强调语言形式同客观表象之间联系的直接性，认为在外语形式和客观表象之间不应加入相应的母语形式，因为其最终目的是让学生在交际、阅读或写作时都能使用外语思维。在采用直接教学法的教学中，教师与学生之间是一种搭档关系，教师与学生可以互相提问或回答问题。

一、直接教学法的起源

19世纪五六十年代，资本主义在欧洲得到了一定发展，各国之间的交往，特别是通商贸易日益增多，语言不通成了人们交往的严重阻碍。因此，社会急需掌握外语并能用外语进行口语交际的人才。直接教学法就是在这种社会背景之下产生的。

直接法是由法国拉丁语教师古恩（Gouin）提出来的。古恩发表了一本重要著作《语言教学艺术》，并称自己的教学方法为"直接法"或"自然法"。直接法主要是指在教学和学习过程中不依赖于学习者的本族语，而是通过思想与外语的直接联系组织教学。这一教学方法后来改名为"直接教学法"。继古恩之后，伯力兹（M. D. Berlitz）和帕默（H. E. Palmer）的研究又进一步促进了直接教学法的发展，并使直接教学法得到普及。其中，伯力兹的教学主张主要是通过编写教材和教材用法说明得以体现和贯彻的，而相关的论著较少。其思想集中体现在以下几个方面：

（1）培养口语能力，以达到用外语思考的境界为主要教学目的。

（2）采取外语单元教学，完全不使用学生的本族语。

（3）采用在教师引导下进行会话、问答为主体的教学形式。

（4）有计划地而非随意地选择词汇，选择标准是词汇在口语交际中的使用频率。

（5）语法教学在语言教学中不再占据主要地位。

帕默一生发表了较多的论著，这些论著大致分为两类：一类阐述了他的教学思想和理论，另一类是教学用书。他的论著和教学用书较全面地体现了他的教学思想，集中体现在以下几个方面：

（1）语言学习的实质是形成习惯。需要重视语言活动的流利性，尽可能避免错误的出现，出现错误应及时纠正。

（2）强调自然学习能力和正规学习能力的融合，两种能力的兼顾才是有效的教学方法。

（3）在外语学习的初级阶段，需培养学习者潜在的自然学习能力，重点在于听力理解、音标教学、语音训练等。

（4）重视外语教学的顺序，提出了"五个先于"的原则。

（5）应该采用多元化的教学手段，吸取各种教学思想、教学方法之所长。

伯力兹和帕默的教学思想得到了广泛的认可，并在一定的范周内付诸实施。

此外，直接教学法也是当时的历史环境、人们对外语的需求变化的产物。社会的发展、不同民族之间的交往要求人们能够用外语交流。这种对口语的需要是直接教学法产生的社会背景。另外，语法翻译法的不足也促进了直接教学法的产生。

二、直接教学法的主要特点

直接教学法主张在外语教学时，外语词语应该同它所代表的事物和意义直接联系起来。这种联系是直接的，不需要以翻译作为中介。由于直接教学法的主要目的是培养学生用外语进行交际的能力，因此直接教学法表现出以下几个特点：

（1）直接教学法认为外语是在自然的环境和情景中习得的，所以它将学习外语与学习母语等同起来。

（2）模仿、朗读和问答是直接教学法的主要教学形式，这些教学形式有助于学生掌握正确的语音、语调和培养学生的口语表达能力。

（3）在直接教学法中，句子被视作口语交际的基本单位，因此在课堂上教师常要求学生以完整的句子提问或对教师的问题作答。

（4）在直接教学法中，语法教学被置于次要地位，语法知识在高级阶段作为检验语言活动是否正确的标准。并且，直接教学法采用归纳教学法，完全排斥演绎法。

（5）直接教学过程中全部使用外语进行教学。

此外，基于直接教学法所编写的教材也具有显著的特点，具体如下：

（1）强调口语实践，具有较强的实用性。

（2）教材内容口语化，重视内容的趣味性，并贴近日常生活。

（3）教材难度适宜，易于理解和记忆，强调发挥直观教具的作用。

三、直接教学法的运用

直接教学法的产生有效弥补了第一代外语教学法，即语法翻译法的不足，所以有人将其称作第二代外语教学法。直接教学法常以日常生活中使用的口语为出发点，避免使用文学作品中的书面语。教师可运用图片、幻灯片和实物等进行教学，学生通过这些教具的使用排除母语的干扰，达到直接掌握外语知识的目的。

一般来说，运用直接教学法进行英语课堂教学的具体步骤如下（以一节课45分钟为例）：

（1）教师以一些简单的生活用语导入本节课内容，然后利用课前准备好的实物或图片向学生展示新词汇。教师用英语对这些词汇进行解释，待学生熟悉这些词汇之后让学生用这些词汇进行表达。（占用课堂时间8分钟左右）

（2）教师为学生准备一些与交际有关的实践活动，在学生进行实践活动的同时，教师要对学生进行指导，由此让学生熟悉所要进行的交际话题。（占用课堂时间8分钟左右）

（3）学生通过强化练习巩固所学知识。（占用课堂时间10分钟左右）

（4）教师根据图片等辅助材料提出一些与课文内容有关的问题，学生通过回答问题来学习课文知识并继续巩固所学的知识。（占用课堂时间10分钟左右）

（5）教师可将学生分组，如两人一组，让每组学生根据图片分别提问与回答。（占用课堂时间5分钟左右）

（6）教师回顾课堂所教的内容并给学生布置作业。（占用课堂时间4分钟左右）

四、直接教学法的优缺点

直接教学法的优点是强调了直接学习外语和直接使用外语，有利于培养学生的口语交际能力。

直接教学法的缺点主要体现在如下几个方面：

（1）直接教学法强调了外语教学的实用目的，但忽视了外语教学的教育和教养目的，导致学生出现口语流利但普遍缺乏语言素养的现象。

（2）直接教学法夸大了母语在外语教学中的消极作用，一味排斥母语在外语教学中的使用。

（3）直接教学法不能很好地处理口语和书面语的关系。

（4）直接教学法强调学生学习母语和学习外语的共同规律，而忽视了二者之间的差别。

（5）直接教学法的教学效果在很大程度上取决于教师娴熟、流利的外语技能，然而在现实中，并不是所有教师对外语的精通程度都能达到直接教学法的要求。

第三节　听说教学法

一、听说教学法的起源

听说教学法产生于20世纪40年代后期的美国。当时，美国参加第二次世界大战，要派大量的士兵出国作战，迫切需要士兵掌握所去国家的语言。因此，他们请来语言学、心理学、教育学等不同领域的专家，研究外语速成教学法，对士兵进行外语培训。于是，军队特别培训项目（Army Specialized Training Program, ASTP）于1942年成立了。到1943年初，美国已经有55所大学承担了军队外语人才的培训任务。由于他们要求的是听和说的技能，因此训练就是针对提高士兵的听说技能而进行的，于是听说教学法就产生了。第二次世界大战之后，听说教学法被广泛运用于外语教学之中。

二、听说教学法的主要特点

（一）注重句型操练

听说教学法注重语言的整体性和结构性。在英语教学中，听说教学法通常以句型结构为纲，注重句型操练。句型是从无数句子中总结出来的具体化的句子模式，是英语语言成句规律的具体体现。英语教学应促使学生熟练掌握英语的基本句型，培养其根据句型类推出大量句子的能力。听说教学法旨在加强学生的语言意识和句子产出能力。

（二）以听、说为先

对于任何一种语言，都是声音的形成早于文字，因此根据人类认知规律可以得出在英语教学中必须坚持先听、说，后读、写的模式。先听、说，然后反复模仿，强化记忆，使学生在不断的重复练习过程中，形成自动化地生成语言的能力。

（三）避免使用母语

在外语学习中，一旦涉及母语的辅助，最后必然会导致学生对母语的依赖。这样不利于学生外语的学习。听说教学法强调的是英语的表达能力，只有大量的口语练习才能有效地促进学生英语口语水平的提高。借助母语学习外语的学习方法会在一定程度上减弱外语的学习效果，降低语言的输出效率。

（四）以教师为中心

教师是教学活动的主要组织者，因此教师在教学过程中对学生听说能力的影响很大。教师是听说教学法的主体，在教学过程中应尽可能多地使学生接触英语。教师在教学过程中应注重学生听说能力的培养。

（五）充分利用视听教具

随着现代化教学设施的不断改进，学生学习英语的硬件条件变得越来越好。相对于其他教学法，听说教学法对视听工具的依赖性比较强，同时，视频和音频资料有助于激发学生的学习兴趣，增强英语学习的趣味性和生动性，有助于提高学生的英语学习效率。

（六）根据对比确定难点

对于语言学习来说，目的语与学生的本族语之间的差距越大，那么学生的学习难度就越大。听说教学法是以外语与本族语的对比为依据来决定教材中教学内容的选择和编排、教学时间的分配和测试内容的选择的。

三、听说教学法的运用

国外许多学者将听说教学法称为第三代外语教学法。如今的外语教学大纲、授课提纲甚至是课堂教学活动设计仍可以看到听说教学法的影子。可以说，从直接教学法到听说教学法是外语教学法发展的一次飞跃，因为它标志着教学法开始关注语言本身的结构，同时从单一的具体方法转变为系统的方法、技巧和原则。

由于听说教学法注重语言的机械性操练，如句型的反复练习，以达到熟悉语言的目的，因此，教师在运用听说教学法进行教学时，除了要尽量使用目的语进行授课，还应利用各种辅助材料，如录像、录音和视频等，使学生通过持续模仿和练习来巩固所学到的知识，以提高其语言运用能力。

听说教学法在英语课堂教学中的具体步骤如下（以一节课45分钟为例）：

（1）教师利用录音或录像设备为学生介绍所学内容的情景和背景知识，在学生听录音或观看录像的同时，教师要用英语进行介绍，让学生理解所学的内容。（占用课堂时间8分钟左右）

（2）教师组织学生开展对话活动，可以是师生之间的对话，也可以是学生之间的对话，用来练习所学内容。通过这种方式可以使学生掌握所学知识。（占用课堂时间13分钟左右）

（3）教师给出相关的句型结构，组织学生进行练习。通过反复的句型操练，学生可以掌握多种常用句型。（占用课堂时间10分钟左右）

（4）教师多次为学生播放录音或录像，使学生记住本课对话或课文内容。之后可要求学生复述或背诵课文内容。（占用课堂时间10分钟左右）

（5）教师带领学生对本节课所学知识进行回顾，并给学生布置课后作业。（占用课堂时间4分钟左右）

四、听说教学法的优缺点

听说教学法的优点是能在较短的时间里培养学生初级的口语和听力能力。

听说教学法的缺点主要有两个：

（1）将学习语言看成习惯的形成，只重视句型操练，并按照听、说、读、写的顺序进行教学以培养学生的语言技能，却忽视了语法规则的指导作用。

（2）只重视语言的形式和结构，忽视了语言的内容与意义。

需要指出的是，今天我们所说的听说教学法与 20 世纪 40 年代的听说教学法有很大的不同。其区别可在教学侧重点和对口语教学的认识等方面反映出来，具体情况如下：

（1）更加强调学生口语交流的参与意识和实践意义。

（2）更加注重口语教学内容的实用性、真实性与趣味性。

（3）更加强调口语的可接受性和口语表达的习惯性。

（4）更加重视口语教学的语境及话题，不再是机械性的重复和模仿。

（5）更加强调口语教学的互动性与交流性，不再局限于单向的句型操练。

第四节　沉默教学法

一、沉默教学法的概念

沉默教学法是指在外语教学中教师尽量少说话，学生尽量多活动。教师在教学过程中充分利用各种简单、标准的直观教具作为信号，建立师生之间内部的统一规约，充分发挥学生的主观能动性，从而使学生更快、更有效地掌握运用外语的能力。

二、沉默教学法的起源

沉默教学法最早于 20 世纪 70 年代在美国出现,提出者是加特诺(Caleb Gattegno)。加特诺在数学、语言教学和心理学上都取得了显著的成果,在教学方面以独特、创新的教学方法而闻名。加特诺认为,好的教学一定和学习的要求一致。他花费很多时间调查学习的要求究竟是什么。他摒弃了传统的看法——教学就是填充学生的记忆,认为只有学习者的意识才是可以真正被教育的。他把自己在意识和学习领域的发现应用到了数学、阅读和语言学习等领域。在外语教学方面,他指出,所有学生都有一套学习新语言的心理装备,这是因为他们年幼时,在没有老师和书本帮助的情况下,已经学会了本族语。

1963 年,加特诺出版了《学校里教外语——沉默法》和《外语教学常识》。在这两部著作中,加特诺对沉默教学法的原理进行了详细阐述,对自己的示范教学做了详细的记录。

在沉默教学法中,加特诺开发了一系列辅助工具,如奎茨奈五彩棒、彩色音译卡等。奎茨奈五彩棒由长短不同、颜色各异的木棒组成,不仅可以用于学习数学概念、颜色、数字,还可以用于学习语法。比如,在讲解介词的时候,教师可以借助奎茨奈五彩棒说:"The blue rod is between the green one and the yellow one."。彩色音译卡是用来教授拼写的一种教具,上面用不同颜色列出了每个音的字母组合。比如,发/eɪ/音的字母组合包括 ay、ei、eigh,这些字母组合用同一种颜色表示。

沉默教学法的提出对当时盛行的行为主义语言教学观的社会来说是一个巨大的挑战。深受行为主义理论影响的语言学家们把语言看作一整套习惯，语言学习和其他技能的学习及操作机器没有任何本质的区别。他们认为，初生儿童对其母语的习得是通过不断模仿其周围成年人所发出的语音和句型来完成的。基于行为主义语言观的教学法是听说教学法，而教学中常用到的教学技巧则是重复和机械记忆。加特诺提出的沉默教学法并不赞同语言学习发生在重复训练中。他认为，即便没有教学示范，语言学习也是可以成功进行的。它应该是学习者在积极认知过程中所掌握的规律形成后的产物。尽管加特诺的方法并不源于转换生成理论，可他在方法中对学生认知能力重要性的强调，使他像转换生成理论家们一样在语言领域的研究中树起了一面新的旗帜。

三、沉默教学法的主要特点

（一）教从属于学

外语教学中教和学是一对矛盾主题，是对立统一的，学是矛盾的主要方面，教从属于学。学生是学习的主体，教师则是启蒙者。教学质量的高低，学生内因起决定性的作用。

（二）学生多活动，教师少说话

教师在教学过程中不用母语进行教学，也很少用外语上课。教师广泛采用直观教具来替代母语和外语组织课堂教学，以便给学生腾出更多的课堂时间进行外语活动。学生的水平越高，他们独立活动的时间就越多。

（三）听说领先

外语教学发展听、说、读、写能力的顺序是先培养听说能力，后培养读写能力。

（四）教师不纠正学生的语言错误

为了不妨碍学生语言交际能力的培养，教师不纠正学生的语言错误。教师的主要任务是帮助学生建立自己内在的正确标准，使学生掌握辨别语言正误的能力，从而能纠正自己和同学的错误。

四、沉默教学法的应用

沉默教学法可以通过以下方式应用于课堂教学中：

（1）课程最开始的侧重点放在发音上。

（2）图片、物体、具体的情景都可以用来帮助学生建立词汇意义与发音的联系。

（3）必要时可以用母语进行指导，词语的意义是通过学生的理解得以明朗而不是通过翻译。

（4）教师示范词语、句子，然后引导学生做出回应。示范后，教师要让学生尝试说出句子并指出该句子是否正确。如果句子不正确，教师要对其进行更正或者让学生给出正确的句子。

（5）学生学习语法规则的时候采用的是归纳法——由句子归纳出语法规则。

(6) 课程按照语法知识的复杂性循序渐进。

五、沉默教学法的优缺点

（一）优点

(1) 重视人的因素。

(2) 重视师生之间的感情因素。

(3) 重视培养学生学习的独立性、自主性和自信心。

(4) 注重增加学生课堂创造性言语活动的机会。

（二）缺点

(1) 沉默教学法的使用有一定的条件。教师必须让学生了解什么是沉默教学法以及沉默教学法的基本原则和目的，以便学生积极配合。

(2) 沉默教学法对教师主导作用的发挥有所忽视，而是强调学习者的自我纠错。

(3) 应用沉默教学法时，对沉默的"度"的把握很关键。过分的沉默会使教师的语言示范作用丧失，达不到良好的语言教学效果，也会影响学生语言运用的准确性。

第五节　交际教学法

语音包括语言的声音系统、重音和节奏、语流和语调，是反映学生交际水平的重要因素之一，倘若使用不当，就会引起误解，导致交际失败。交际教学法是一种新的英语教学方法，是在结构主义语言学影响下，结合功能语言学理论形成的以交际能力为理论基础的语言教学方法，即教师将语言交际作为教学的手段，通过课堂上充分的语言交际活动，提高学生的语音能力，让学生在了解基本语言知识的基础上，提高学习的积极性，养成良好的学习习惯，树立学习的自信心，并且掌握英语正确发音的方法，进而提高英语语音教学的效果。随着时代的发展，交际教学法已成为国际上普遍推崇与应用的英语教学方法，也将更加广泛应用于英语语音教学的课堂。

一、交际教学法的概念

交际教学法也叫交际派语言教学法，是以培养交际能力为目的，以语言的功能项目为纲的一种教学方法，是设计教学大纲的一种途径。交际教学法也被称为功能法、意念法、功能-意念法。功能是指语言行为，即用语言叙事和交流思想。意念是功能作用的对象，即特定交际需要和目标所表达的思想内容。例如，询问邮局的方位"Is there a post office near here?"，在这句话中，"询问"是功能，"邮局"和"附近"是意念。功能和意念这两个要素在运用语言叙述事情、表达思想的过程中是互相联系的。

二、交际教学法的主要特点

（一）重视实践模拟

交际教学法重视教学环境的真实性，以及对语言实践环节的模拟。利特尔伍德（Littlewood）讲到，交际教学法使我们更强烈地意识到只教会学生掌握外语的结构是不够的，学生还必须掌握在真实的环境中将这些语言结构运用于交际功能中去的策略。在外语教学中，应该为学生创造适合的语言交际环境，使学生在交际活动中掌握使用语言的能力。

（二）以学生为中心

在采用交际教学法的教学过程中，应该以学生为中心。以学生为中心能有效加强他们的学习主动性，以学生为中心有利于学生自主学习意识的培养，学生可以运用所学语言去表达自己的思想。要创造以学生为中心的教学环境需要两方面的条件：一方面是要求为学生提供带有真实意义的语言交际情景；在交际性活动中学生有计划地表达自己的思想，并能够进行双向的交流。另一方面是要求学生自己有参加这些交际活动的意愿。

（三）强调教学过程的交际化

交际教学法强调教学过程的交际性，突出学生的语言交流和互动作用。在交际教学法中，教学的重点从语言的形式转向内容；从单向的语言知识的传授转向双向的、互动式的语言实践。学生学习的重点不是简单的知识点，而是语言的实际应用和交流能力。

(四）强调教学内容的真实性

培养学生的语言交际能力要求教学内容必须真实，应尽可能贴近现实生活。以规定性的语法或知识点的介绍为重点的外语教学法是很难培养学生的语言交际能力的。为此，交际教学法创造了"以任务为基础的语言活动""以解决问题为基础的语言活动"和"以专题为基础的语言活动"。这些教学活动包括采访、求职、购物、谈判等。围绕每一个"任务""问题"或"专题"，有目的地使学生掌握在不同情况下如何使用语言，帮助学生置身于较真实的交际情景之中。通过这些活动可以切实提高学生的交际能力。

（五）重视教学方式的真实性

为了使学生能在多元化的活动中提高语言的运用能力，在教学中应为学生提供大量的实践机会，同时教学的组织形式也应做出相应的变化。教师在教学过程中可以采用 role-play、group discussion、pair work、simulations 等方法。

（六）重视教学环境的真实性

交际教学法除重视教学内容与教学方式的真实性外，还非常重视教学环境的真实性。只教会学生掌握外语的结构是不够的，学生还应该掌握如何在真实的语言环境中将这些语言结构正确地运用到交际中去。在英语教学中，如何积极地创造语言交际环境，使学生掌握在交际活动中使用语言的能力，则是体现交际性原则的一个重要方面。

三、交际教学法的实施要点

（一）丰富教学内容

教学应以教材为本，但这并不意味着就要完全依赖教材或是照本宣科，可以在教材的基础上进行拓展。丰富外语教材的途径很多，如教师可以从报纸、书籍、杂志、电视，甚至可以从网上的一些声像资料中筛选材料。此外，教师安排教学时，应尽量模拟真实的语言环境。

（二）在课堂上组织交际活动

在采用交际教学法的课堂上，应灵活组织交际活动，这样才能使学生将学到的知识应用到实际中。著名语言学家哈默提出了语法教学模式，即著名的 IPP 模式：Introduce（介绍）、Practice（controlled）（限制性练习）及 Produce（communicate）（运用性交际活动）。这种模式指出了语言教学的始终。而教学过程本身就是一个从始端向终端扩展和强化的不间断的过程。可见，交际化的活动是实现英语教学过程交际化的关键，教师应让学生在活动中运用知识、生活经验，最终提高自己的知识、丰富自己的生活经验。在活动中，教师的主要任务是促进学生语言形式和语言意义的结合。因此，在组织交际活动时，教师应联系以下几个方面的内容：

1.联系意义

培养交际能力是交际教学法的主要目标，但该教学法在实施的过程中存在着一个问题，就是强调意义的同时却忽视了语言结构的准确程度。实际上，语言是音义结合的语法和词汇体系。具体来说，词汇赋予语言的意义和内容，而语法赋予语言的结构形式，所以语法结构和词汇意义是相互联系、不可分割的。例如，英语有人称的变化，这一变化在谓语动词中能够体现出来，而汉语中则没有这方面的体现。教师在讲授英语的词汇、语法等知识时应该联系意义，结合具体的例子，从而使学生的交际能力得到提高。

2.联系社会功能

由于交际体现的是社会功能，因此教师在组织交际活动时应联系社会功能。并且，对于场景中的句型要进行归纳整理，同时要联系句型的社会功能，这样才能使学生正确理解句子的意义，让学生通过不同场景中不同的句型了解语气的差异，使学生在不同的场合中灵活、恰当地使用英语。

3.联系语篇

在教学中联系语篇可以避免孤立地看待问题，并且在语篇组成的语境中去理解，对于所教的语言知识的印象会比较深刻。这种方法比较适合词汇和语法的教学。例如，在讲解 diary 这个单词时，教师可以展示一个短小的文本："We usually write what we saw, what we did, who we met, how we felt. It is not a story. It is not a report, either."。该文本将单词的意思已经很好地呈现了出来，采用的是谜语的形式，而且用的是过去时，这一时态的运用是在暗示学生日记的书写用过去时。

四、交际教学法的优缺点

（一）优点

1.提高学生学习的积极性

兴趣是学习的推动力，也是最好的老师。如果学生对学习英语语音没有兴趣，那就不会有持续的干劲，对于英语语音的学习将很难坚持下去。然而，传统的英语语音课堂教学较为枯燥，教和学几乎没有互动。在这种情况下，学生在刚接触英语语音时有一种新鲜感，但随着学习的深入，内容变得复杂，而且学生很少有机会参与到教学中去，于是学生的学习兴趣开始减弱，甚至对英语语音学习产生厌恶情绪。交际教学法以学生的个体需求为依据，给学生提供了大量的运用语言的真实情景，将真实而自然的实际活动引入课堂，有利于提高学生的学习兴趣。

因此，教师应该善用交际教学法，根据学生学习的实际需要，在设计课堂教学时要考虑教学形式的健康性以及多样性，综合利用实物、动作、语言和音乐等教学形式，通过创设一种轻松和谐的课堂氛围，激发学生表现的欲望，帮助学生正确把握语言的情绪和语音表达的感情色彩，进而增强学生学习语音的积极性。

2.帮助学生养成良好的学习习惯

良好的学习习惯是学生学习主体性的高层次表现，也是高素质人才应具备的素质。运用交际教学法，能使学生养成良好的学习习惯，形成自主学习的观念，为学生的终身学习打下良好的基础。

（1）形成自主学习的观念

自主学习能力是现代社会人类生存发展的基本能力。但是，由于受传统英语教学方法的长期影响，大多数学生在课堂上比较被动，单方面地接受教师所讲的语音知识，处于死记硬背的状态，自主学习能力较差。面对此种情况，教师可应用交际教学法，在课堂上设计一些交流合作活动，以提高学生自主学习的意愿，使学生改变原来被动的学习状态。同时，学生也会更加重视对音素和单词音节、句子节奏、音变以及语调的学习，这有助于学生提高英语交际能力，促进个体的发展。

（2）形成终身学习的理念

为了适应科学技术的飞速发展和知识更新进程的不断加快，终身学习已成为人们生存和发展的内在需求。因此，越来越多的英语教师意识到，英语语音教学不但要传授语音基础知识，更要使学生愿意思考、交流以及实践，自主地寻求解决问题的办法，为其以后的生活、工作和进一步学习语音奠定良好的基础。要使学生形成终身学习的理念，交际教学法是不错的选择。

3.帮助学生形成健康的心理状态

学生在接受教育的过程中，既受到教学环境的影响，也受到自身心理因素的影响。要想达到教育目标，就必须扫清学生的心理障碍。目前，影响学生学习效果的心理障碍主要有畏惧心理、自卑心理、焦虑心理、害羞心理、自闭心理以及依赖心理等。这些心理障碍让一些学生不敢在英语课堂上主动地发言、自信地回答问题。因此，教师要在课堂上帮助学生克服这些心理障碍，实现心理健康教育与英语语音课堂教学的有机结合，进而提高他们的英语交际能力，帮助学生形成健康的心理状态。

（1）帮助学生摆脱孤独心理

人是社会性的，如果缺少交际，就会觉得孤独，人的本性与人格就不能保持完整和健康。教师可应用交际教学法,让各个层次的学生都有发言的机会,并及时给予鼓励,使学生产生说英语的成就感,使他们摆脱心理上的孤独感,在合作与交流中建立起学习英语语音的热情。

(2)帮助学生树立学习的自信心

缺乏自信是学生内心深处的胆怯或自卑的一种外在表现形式,也是羞怯情绪的表现。一部分学生由于英语语音基础不扎实,随着内容的加深、知识的增加,胆怯心理更为严重。在实际教学中,学生往往希望得到教师的肯定,但又害怕发言,而且在传统的课堂上,教师与学生的地位不平等,学生参与度较低,加之缺乏信心,长期积淀下来的对英语学习的畏惧情绪一时难以改变,"羞于开口,惰于交往"的心理障碍普遍存在。教师可利用交际教学法,充分挖掘教材的内涵,将自己丰富的情感融入教学内容和教学过程中,鼓励学生积极互动。同时,教师要适时地给予学生一些赞美与鼓励,使他们看到自己的长处,树立起学好英语语音的信心,并且向所期望的目标积极努力,坚定学习英语语音的意志,以积极乐观的心理状态面对挫折与困难,最终提高自身的英语语音能力。

4.帮助教师了解学生的能力

在交际教学法的运用过程中,所有的活动都离不开师生之间、学生之间的对话,语言交际贯穿教育教学的始终。因此,教师要细心观察,了解学生个体对英语语音知识的掌握程度,随时发现教学中存在的问题,并且可以科学地调整教学进度、教学方式、教学方法以及教学步骤,真正做到"传道、授业、解惑"。

（二）缺点

（1）交际教学法在某种程度上使学生不能够很好地掌握目的语的语法体系。因此，不利于学生对语言知识的掌握，不利于学生对目的语的深入理解，也不利于学生打好语言基础。

（2）过多地强调口语交际能力的培养，可能会影响学生的阅读能力。交际教学法注重语言表达的流利而忽视了它的准确，即使交际教学法的倡导者一再声称"交际"包含口语交际和书面交际两类，但实际上，人们更多的是重视前者，忽视后者。

（3）交际教学法的本意之一是弥补其他教学流派忽视语言语用的不足，然而它并没有很好地达到这一目的。它只是让学生孤立地记住功能、情景和语言表达形式的对应关系。因此，人们对交际教学法能否有效培养学生的交际能力，以及创造性地运用语言的能力依然持有异议。

（4）在具体的英语教学实践中还存在一些不能解决的问题。例如，对于课堂上创造真实的语言环境，很多人一直表示怀疑，这是因为其受到空间、时间的限制。如果不能创造一个相对真实的环境，那么在模拟的、假想的环境中能否达到真正的语言交际目的也使人有所怀疑。

第六章 现代教学模式与手段在英语语音教学中的运用

学习英语的最佳途径就是置身于英语使用环境之中,自然地接受英语的熏陶。当然,这种方法对学生学习英语语音也是适用的。教师可以借助现代教学模式与手段,为学生营造逼真的英语学习环境,帮助学生了解英语国家的文化、风俗和习惯,使学生迅速、准确地掌握英语语音。

第一节 微课在英语语音教学中的运用

一、微课的定义

就字面上来说,可以从以下几个角度对"微课"进行阐释:

(1)就"课"这一概念来说,微课是一种课,是一种短小的教学活动。

(2)就"课程"这一概念来说,微课是有计划、有目标、有内容、有资源的课程。

(3)就"教学资源"这一概念来说,微课具有丰富的教学资源,如数字化学习资源包、在线教学视频等。

但是，对其内涵进行挖掘，可以发现微课是一种具有单一目标、短小内容、良好结构、以微视频为载体的教学模式。微课的最初理念是通过正式或者非正式的学习方式，使人们不断对短小、主题集中、与实践紧密结合的专业知识进行学习，从而提高学习效果，促进知识的内化。

在这一理念的基础上，我国学者对微课教学模式展开了重点研究，很多学者提出了自己的见解。

黎加厚认为，微课是时间在十分钟内，教学目标明确、内容短小，能够对某一问题集中说明的微小课程。焦建利认为，微课以阐释某一知识点为目标，以短小精悍的在线视频为表现形式，以学习或教学应用为目的的在线教学视频。胡铁生、黄明燕、李民认为，微课又可以称为微型课程，是建立在学科知识点的基础上，构建和生成的新型网络课程资源。微课以微视频作为核心，包含很多与教学配套的扩展性或支持性资源，如微练习、微教案、微反思、微课件等，从而形成了一个网页化、半结构化、情境化、开放性的交互教学应用环境和资源动态生成环境。上述这些概念都具有针对性，并在一定程度上反映出微课教学模式的基本特征，虽然具体内容存在某些差异，但是其理念和核心基本一致。

涉及综合性问题，笔者更倾向于胡铁生的定义。笔者认为，微课教学模式从本质上来说是一种对教与学进行支持的新型课程资源。当学生通过微课教学模式学习时，他们就是以微课为媒介，通过在线讨论等与教师进行直接交互，从而产生有意义的教学。从这点来说，其属于教学论的范畴。

二、微课在我国的发展背景

当今社会，生活节奏越来越快，人们乐于接受简单、便捷、有趣、高效的生活方式和学习方式。因此，近年来各种"微"事物不断涌现，如微博、微信、微电影、微小说、微讲堂等。这些日益壮大的"微"字号队伍俨然向人们宣告着社会已经步入了"微"时代。同时，网络通信技术日新月异的发展也强有力地推动着这股"微"潮流，使各种"微"事物可以无孔不入地钻进生活的方方面面。"微"时代信息的传播速度更快，传播的内容更具冲击力和震撼力。对于接受者而言，消化信息的时间较短，而信息内容与数量却异常丰富，这就要求信息生产者提供具有高黏度、冲击力大、可以在极短时间内吸引受众并提高受众的阅读兴趣的内容。

在教育领域，教师工作繁忙，很难抽出大量的时间去关注每一位学生的学习情况。因此，帮助学生查漏补缺、攻克课程重难点就成为教师教学过程中的一大难题。常规教学中，教师只能保证大部分学生的学习进度，不能因为个别学生而影响教学进度，而微课程恰恰可以改善这种状况。它可以代替教师，让学生进行相关内容的学习，不仅帮助教师节省了大量的时间和精力，还可使学生的学习更高效。

面对新课程标准和教学实践的要求，教师的工作已经不是简单地把书本上的知识内容教给学生，而是要在教的过程中让学生体会到学习的乐趣，激发学生学习的积极性。面对这种情况，如何才能吸引学生的注意力？如何才能将高深的理论变得简单易懂，将枯燥的课堂变得有趣？能不能利用零碎的时间让学生在短期内完成一次学习？在这种背景下，微课在我国迅速走红。

微课的出现，顺应了时代的发展，弥补了传统教学模式的不足，满足了学生对不同学科知识点的个性化学习需求，使学生可以按需选择学习内容。这样既可做到查漏补缺，又能强化巩固知识，是常规课堂学习的一种重要补充和拓展。

三、微课的价值

（一）弥补了传统课堂的不足

45 分钟的常规课堂中，教师站在讲台上声嘶力竭地讲，学生在座位上规规矩矩地听、认认真真地记，偶尔也会有教师提问、学生回答。调查显示，学生的学习兴趣一般只能维持 20 分钟左右。这段时间过后，学生会出现疲劳、走神等现象。心理学研究也证明：学生课堂学习时间的质量，取决于学生专注学习的时间。学习时间过长，并不意味着学习效率高，只有学生投入有价值的学习活动，才能提高学习质量。然而，传统"灌输式"的课堂教学模式往往忽略了这一点。

微课是相对于传统课堂而言的。从教师角度和学生角度看，微课弥补了传统课堂的不足。

1.从学生角度来讲

首先，微课有助于提高学生的学习效率。一节课大约 45 分钟，而学生的学习兴趣只能维持 20 分钟左右，往往一节课下来，学生的学习效率并不是很高。有学校根据实际需求，把教学重点、难点、考点、疑点等精彩片段，录制为时间在 20 分钟左右的微课,这种形式大大方便了学生随时、随地通过网络进行学习,从而提高了学生的学习效率。

其次,微课有助于学生自主学习和有选择性地学习。随着互联网技术的发展,课堂不再局限于教室。学生可以根据自己的需要,随时随地利用微课自主地、有选择性地学习。每个学生的学习能力都各不相同,有的学生能够在课上就掌握了教师所讲解的内容,而有的学生则无法掌握教师在课上讲解的内容。为了满足每一位学生的学习需求,教师可以利用微课搭建学习平台,帮助学生自主学习和有选择性地学习。在实际操作的过程中,教师可以将课上讲解的内容录成视频,然后发送给学生,让学生在课下观看课上没有听懂或不会的内容。同时教师也可以根据学生的不同情况,有针对性地录制几个视频,在视频中讲解一些重点和难点内容。这样学生在课下就可以进行自主、有选择性的学习。

2.从教师角度来讲

微课的出现,颠覆了以往的个别辅导方式,在一定程度上解放了教师。然而,这种形式对所有教师而言,是一种全新的挑战,也是一种机遇。教师通过微课的形式,将课前预习、课上学习和课后复习相互联系,让学生更好更快地接受新的知识,在一定程度上弥补了传统课堂的不足。

(二)为促进教师专业成长提供了新途径

微课顺应了时代的发展,弥补了传统教学模式的不足,是一种新的教学模式。微课既有助于教师间相互学习,又有助于教师提高自身能力和水平。微课为促进教师的专业成长提供了新途径。

1.有利于提高教师的教学素质和专业素养

微课的表现形式主要有以下两种：

一种是具体而微的形式，表现在教学的全过程，即有完整的教学过程和教学环节。从内容的导入到重难点剖析、方法讲解、教学总结、教学反思，再到练习设计，与常规课堂的每一个环节没有任何差别。但与常规课堂比，微课模式下学生参与较少，师生互动较少。微课的设计目的是展现教师的教学理念、教学观念或者教学设计、教学方法和教学技巧。这种表现形式有点类似于说课，但又比说课更具体、更翔实，更能反映教师的教学思想和教学水平。

另一种是微小的片段。为了展现整个教学过程中的某一个环节，通过录制一个教学片段来表现教师对教材的处理，对某个教学重点的教学处理或者对某个教学难点的突破技巧等，体现了完全真实的教师教学。比如，教师如何引导学生解决问题，教师怎样指导学生掌握操作技能等。无论哪一种形式的微课，与常规课堂相比，不同之处不仅在于时间短（多则 20 分钟，少则七八分钟），而且在于教学目标集中、目的明确。因此，微课非常有利于提高教师的教学素质和专业素养。

2.有利于提高教师的信息处理能力和水平

微课的制作方式可以分为加工改造式和原创开发式。加工改造式即对常规课堂的多媒体形式再呈现，换句话说，就是将学校已有的优秀教学课件或录像，进行编辑加工（如视频的转录、切片、合成、字幕处理等），并提供相应的辅助教学资源（如教案、课件、反思、习题等），进行"微课"化处理。原创开发式可以借助多种技术手段，包括屏幕录像专家软件录制、ShowMe 软件录制、摄像工具录制、录播教室录制、专业演播室制作等。

微课绝不仅是一个视频那么简单。一个优秀的、完整的微课包含许多方面。从视觉、听觉上讲，微课给人以享受，如 PPT 要简洁大方，声音要清晰响亮等；从网络技术上讲，微课文件越小越好；从网络用户习惯上讲，微课要能被精确搜索，微课名称要包含知识点、适用对象等信息；从学习者角度上讲，微课越贴合自身使用需要越好。前期的微课设计、简洁大方的 PPT 制作、主题明确的微课名称、信息明了的片头、逻辑性强的正文内容、引导方便的片尾等，都是优秀、完整的微课必不可少的组成部分。教师在制作微课时，普遍反映制作的难点在于软件操作，如对软件使用不熟练、摄像技术不佳等。因此，教师要想制作出优秀、完整的微课，必然要提升自身的信息处理能力和水平。

（三）为传统教学资源建设提供了新方向

传统的教学资源大多是以课时（包括单元和章节）为模块开发，资源包容量过大，时间过长（如教材配套课件、素材课件等，一般都在 60 分钟左右），资源主题和特色不够突出，使用不太方便。而且传统的教学资源虽然数量庞大、种类繁多，并且在制作过程中耗时耗力，但是在实际教学中的应用情况并不乐观。一线教师普遍感到真正适用、实用、好用的优质教学资源依然很匮乏。传统教学信息资源建设普遍存在只关注资源"大环境"（如资源是否符合新课标和顺应时代潮流）建设，却忽略具体资源应用的"小环境"（如某个资源在具体课堂的教与学应用情境）的做法，资源建设与应用的分离使资源"看上去很美，却中看不中用"。教育信息资源的开发目的和本质属性都是为教育教学服务的。大量研究表明，教学资源的开发和利用，只有深入到课堂教学层面，才能满足教师的常态教学资源需求，才能不断地动态生成新的课程资源。

微课的核心内容是课堂教学视频片段，同时还包含与该教学主题相关的教学设计、素材课件、教学反思、练习测试、学生反馈及教师点评等教学支持资源。它主要是解决课堂教学中某个学科知识点或教学重点、难点、疑点内容的教学，或者是反映课堂教学某个教学环节、教学主题的教与学的活动。相对于常规课堂所要完成的复杂、众多的教学内容，多个教学目标而言，微课的目标相对单一，教学内容更加精简，教学主题更加突出，教学指向（包括资源设计指向、教学活动指向等）更加明确，其设计与制作都是围绕某个教学主题而展开的。校本微课共同构成了一个主题鲜明、类型多样、结构紧凑的"主题单元资源包"，营造了一个与具体教学活动紧密结合、情境化的"微教学资源环境"。

（四）为高校课程教学提供了新动力

在高校教育思想上，人们正在从以"教"为中心向以"学"为中心转移。高校教育课程建设越来越突出以学生为本位的驱动发展模式，教学思想和教学手段越来越符合学生的学习行为。比如，教学方法的逐渐实用，学生评价更加灵活，实习实训不断完善，教学资源逐渐丰富等。高校教育课程目标要有两个考虑：既要以社会需求为中心，又要满足学生全面发展的需要；既要使学生有相对扎实的文化基础，又要使学生有综合的职业能力。常规的课程教学模式过于单调，课程教学单元过于复杂和庞大，学习资源过于匮乏，学习方式不能满足信息时代的需要。当前，信息技术与学科教学的融合无疑是破解这些矛盾的主要途径。作为新教育思想的创新者和实践者，高校教育在课程教学思想的博弈和反思中总结出这样一条经验：学校的课程改革要集中在优化学生的学习环境上，要给学生提供更加灵活的和自主的学习环境，只有这样才能用更短的时间完成更加丰富和实用的课程教学。微课就是在这样一个大背景下被高等教育工作者所关注的。

微课能够将课程的重点或难点表现出来，用一种符合高校学生认知能力和学习行为习惯的表现形式提供给学生，供学生自主学习、在线学习、移动学习。

微课能够使教师集中研究课程的重点和难点。教师可以利用微课开展教学研究、技能比赛等，不同学校的教师或同一专业教学委员会的成员可以利用微课开展教学交流。

微课有利于优化课程结构，提高资源开发能力，丰富教学资源，提高教学团队的信息素质，加快信息技术与学科教学的融合。

微课"短小精悍"的特点使其很容易在课程体系中进行调配和补充。微课可以更好地实现文化课、专业基础课和专业技能课的跨越式调配，可以实现对不同程度的课程进行整合或分离。比如，在专业技能课程设计时，可以利用微课设计对某些文化课或专业基础课开展必要的复习和补充。也可以反过来，把实践内容的微课穿插在文化课或专业基础课中，用于说明某个理论的实际应用。

微课具有更加灵活的教学应用。在同一课程教学过程中，微课可以实现预习、复习、课程导入、课外学习、期末复习等多种形式的学习活动。微课以时长短小为特点，不仅不会干扰正常课程教学，反而会更好地补充或加强课程教学。微课按照内容可以分为理论类、解题类、答疑类、实验类、实习类、活动类、扩展类；按多媒体种类可分为视频类、动画类、音频类、仿真类等。

四、微课在教育中的应用前景

在网络信息时代，随着信息与通信技术的快速发展，微课也将具有十分广阔的教育应用前景。

（一）对学生的学习来说

（1）有利于学生选择自主学习的环境，不必拘泥于传统的学校教育。

（2）能够更好地满足学生对不同学科知识点的个性化学习需求。

（3）使教师不再是讲台上的圣人，而是学生身边的导师，有利于教师一对一指导学生。

（4）有利于学生按需选择学习，既可查缺补漏，又能强化巩固知识。

（5）是学生在业余时间内进行延伸的个性化阅读和学习的最好载体。

（6）是学生常规课堂学习的一种重要补充和拓展。

（7）有利于学生保存学习内容，方便查阅和修正。

（二）对教师的专业水平发展来说

（1）课题的选取。教学目标清楚，教学内容明晰，或针对字词教学，或针对难点突破，或针对课前导入，或针对拓展延伸，择其中一点设计教学，加深了教师对教材知识内容的理解。

（2）内容的设计。备课时更充分地研究学情，做到"课堂无学生，心中有学生"。要准确地把握教学节奏，快慢适当，吃透教材。要熟练地掌握现代信息技术，因为微课的核心组成内容是教学视频，通过视频组成一个融教学设计、多媒体素材、课件为一体的主题资源包。

（3）知识的讲解与总结。教学语言要简明扼要、逻辑性强、易于理解，讲解过程要流畅紧凑。教师在备课的过程中就要考虑到实际进行的状况，这样才能将课讲得既吸引人又精彩。

（4）知识的拓展。要想拓展知识点，就必须查阅资料去充实内容，这样课程内容才不会空泛和空洞。在拓宽学生视野的同时，也丰富了教师的教学资源。教师和在这种真实的、具体的、典型案例化的教与学情景中，可以提高教学观念、技能，从而迅速提升教师的课堂教学水平，促进教师的专业成长。

（5）教学反思。教师在整个教学过程中，经历着"研究—实践—反思—再研究—再实践—再反思"的循序渐进、螺旋式上升的过程。教师们的教学和研究的水平和能力也在不断提升。微课最终让教师从习惯的细节中追问、思考、发现、变革，由学习者变为开发者和创造者，并不断成长。

（三）对教育自身的发展来说

现在的微课，是对过去"课堂实录"式的视频教学资源建设的反思和修正。过去录制了大量"课堂实录"式的视频资源，但是这些资源过于完整、冗长，难以直接加以使用。

微课平台是区域性微课资源建设、共享和应用的基础。平台功能要在满足微课资源日常建设和管理的基础上，增加便于用户应用和研究的功能模块，形成微课建设、管理、应用和研究的"一站式"服务环境，供学校和教师有针对性地选择开发。

交流与应用是微课平台建设的目的。通过集中展播、专家点评和共享交流等方式，向广大师生推荐、展示优秀获奖微课作品。定期组织"微课库"的观摩、学习、评课、反思、研讨等活动,推进基于微课的校本研修和区域网上教研新模式形成,达到资源共享。

无论是对学生还是对教师而言,微课无疑都是一次思想改革,它促成一种自主学习模式。同时,还给教师提供自我提升的机会,最终达到高效课堂的目标。

五、微课的应用形式

根据广大教育工作者的实际教学经验,微课的应用形式主要可以分为两类:一是课堂上的微课应用;二是自主学习中的微课应用。教师可以在英语专业的英语语音知识课上采用微课教学,将要讲解的内容录制成5~10分钟的微课视频,先给学生播放微课视频,再结合视频组织学生进行语音练习。学生对于这种新颖的教学形式充满兴趣,能够结合微课视频中老师的示范,轻松掌握发音要领,模仿正确口型,提高发音准确度。课后,针对各自的学习情况,学生仍可以通过观看微课视频自主学习。

六、微课在英语语音教学中的实施

(一)微课在英语语音教学中的优势

微课倡导个性化学习。课堂教学模式的改革一直是教育教学改革的重点。有学者指出,多年来,我国各级各类学校进行了大量的教学改革工作,但成效并不大,以教师为中心的教学模式至今仍占据着我国各级各类学校的课堂。建构主义的学习观认为,学习不是由老师把知识简单地传递给学生,而是由学生自己构建知识的过程。因材施教、个性化教学都是以学生为主体的改革模式,微课恰恰具备这两个优势。从教师的角度看,可以根据学生的水平和学习特点选择题材,制成微课;也可以根据学生的学习进度上传微课视频。从学习者的角度看,可以根据自己的实际情况选择学习的内容,控制学习的进度;也可以通过自主学习巩固已学的知识或者提前预习新的内容。

此外,微课便于学习者对英语语音知识进行自主学习。语音学习是一个长期的、持续的、复杂的过程,仅靠课堂学习是不够的。学习者需要通过课余时间的大量练习,才能掌握音标、重音、连读、弱读、语调、语气、停顿等知识和技能。借助微课视频,学习者能够清楚地看到教师的口型、舌位;直观地体会不同语气、语调与面部表情之间的联系;轻松地把握停顿与节奏。对于较难掌握的音标、单词和句子,还可以重复播放或者随时暂停,以便充分练习。

(二)微课在语音教学中的实际应用

广大学者在不断的改革与探索中发现,微课教学在英语语音教学中取得了良好的效果。现以辅音/s/和/θ/的对比教学为例,介绍微课在英语语音教学中的实际应用。

1.趣味导入

我们借助一段 70 秒的幽默视频,展现生活中由于/s/和/θ/的错误发音闹出的笑话。视频中,一个德国海上营救员接到了遇难船只的求救电话,一艘美国船只受到风浪的影响,即将沉没。求救电话中,美国人疾呼:"Help! We are sinking. We are sinking.",德国营救员用极不流利的英语回答:"What are you thinking about?"。德国人犯错的原因在于混淆了/s/和/θ/的发音，把 sinking 听成了 thinking，从而无法准确理解求救者的信息。幽默、生动的短片能使学生在轻松的氛围中体会准确发音的重要性，并使学生对这节课的知识目标产生浓厚的兴趣。

2.发音演示

事先录制一段视频，演示/s/和/θ/的正确发音，通过分解演示与详细讲解，让学生直观地把握发音时的唇形和舌位。/s/和/θ/都是清辅音，在发音过程中声带不振动。关键在于，/θ/是舌齿摩擦音，发音时先将舌尖置于上下齿中间，轻轻咬住，气流由舌齿间送出，在送气的同时，将舌尖收回口腔。实际教学中，一般会要求学生跟着视频的分解动作练习，并根据学生发音的准确度，随时暂停或重复播放微课视频，或者一对一纠正学生错误的发音。

3.对比练习

接下来，学生需要通过大量的朗读练习巩固所学知识。但根据笔者的教学经验，学生在朗读教材上的练习内容时容易产生乏味、无聊的情绪。因此，笔者选择一些有趣的绕口令朗读并录制下来，放在微课视频中演示，并要求学生跟读。例如：

She sells seashells on the seashore. The seashells she sells are seashells she is sure.

I thought a thought but the thought I thought I thought was not the thought I thought. If the thought I thought had been the thought I thought. I would not have thought so much.

教师在强调/s/和/θ/发音的区别时，可以将绕口令中出现的单词 seashell、sell、seashore、thought 当作例子示范，之后由慢到快地演示绕口令并要求学生模仿。学生往往对绕口令很感兴趣，并乐于模仿。通过一遍遍的练习，学生见证了自己的进步，无形中提高了学习效果。

在实际教学中可以观察到：对于同样的练习内容，将书本上的文字转化为动态的视频后，学生的学习兴趣大大提升。此外，由于视频的直观性更强，学生的学习效果也更明显。

4.小组活动

对比练习后，教师可通过小组竞赛、辨音游戏等丰富多彩、趣味性强的活动，帮助学生练习/s/和/θ/的发音。动静结合、形式多样的小组活动加深了学生对这两个辅音的对比记忆，大大提高了他们的学习效率。

5.布置任务

课堂教学结束后，教师布置有针对性的自主学习任务，并要求学生通过微信汇报学习成果。

微课以视频为主要载体，时间长度一般为8～10分钟，教学内容主题突出，记录了教师围绕某个知识点或教学环节开展简短、完整的教学活动。微课顺应时代发展需求，有助于建立新型教学关系。在英语语音的教学中，知识点较多，教师按课时进行教学，但学生发音水平不一样，若长期采用单一的教学方式，会大大影响教学效果。微课教学可以为学生提供更为丰富的学习资源，满足其多元化的学习需求，引导他们进行深层次、个性化的学习和探索。

七、基于微课的英语语音教学新模式

教师在设计微课时，首先应根据教学计划和教学大纲设计规划教学目标，然后围绕教学目标设计微课。基于微课的英语语音教学新模式以学生为主体，教师起指导作用，充分发挥学生的学习主动性，便于教师因材施教。

八、基于微课的英语语音教学新模式设计的理论依据

（一）建构主义学习理论

创造良好的学习环境是建构主义学习理论的核心观点。英语语音微课平台实现了语音学习环境情景化，强调学生的语音知识是在语音微课环境的交互作用中自行构建的，学生既是英语语音教学内容接受与反馈的主体，又是学习意义的主动建构者，而且在交互式语音学习过程中实现了协作与会话。

（二）视听心理学理论

根据视听心理学理论，只有教学活动符合学生的心理认知发展，才能取得良好的教学效果。英语语音微课结合语音视频和语音音频，同时激发学习者的视觉和听觉感官，刺激学习者的心理效应，符合视听的基本感知规律，有利于实现教学效果最优化。

（三）教学传播理论

教学传播理论认为，应从教学传播过程和完整的教学系统角度来考虑最佳的学习资源配置。基于微课的英语语音教学把文本、声音、图片和视频等综合起来，使之逻辑化，并对它们进行采样量化、编码压缩、编辑修改、存储传输和重建显示等技术处理。

九、基于微课的英语语音教学新模式的实现条件

要想实现基于微课的英语语音教学新模式,需要具备以下条件:①有科学的教学计划、教学大纲,这是理论前提;②有稳定的网络环境和移动终端设备,这是物质保障;③有优质的语音微课库建设,这是关键。

基于微课的语音教学新模式以一定的通信技术和网络技术为基础,以计算机网络支持环境为平台,由适合的语音微课数据库、教学支撑系统、管理系统构成。

第二节 翻转课堂在英语语音教学中的运用

一、翻转课堂的定义

翻转课堂有很多名称,如颠倒教室、翻转教学、颠倒课堂、翻转学习等,其实意思都一样。翻转课堂是由"Flipped Class Model"翻译过来的术语,一般被称为"翻转课堂教学模式"。

传统课堂教学模式中,教师在课堂上讲课,讲完后布置课后作业,让学生在课外练习。与传统课堂教学模式不同,在翻转课堂教学模式中,学生在课前或课外观看教师的视频讲解,自主学习,教师不再占用课堂时间来讲授知识,课堂变成了老师学生之间和

学生与学生之间互动的场所。课堂上教师主要通过组织答疑解惑、交流讨论、知识运用等活动帮助学生习得知识,从而达到更好的教学效果。

由此可见,所谓翻转课堂,就是这样一种教学形态:教师创建教学视频,学生可以通过在课前或课外观看视频中教师的讲解进行学习,在课堂上与教师、同学面对面交流讨论、解决难题等。

二、翻转课堂的起源

翻转课堂起源于美国。早期的翻转课堂实践和研究,主要是在高校中进行的。最早开展翻转课堂研究的,是哈佛大学的物理教授埃里克·马祖尔(Eric Mazur)。为了让学生的学习更具活力,他在20世纪90年代创立了同伴教学法。马祖尔认为,学习可以分为两个步骤:第一步是知识的传递,第二步是知识的吸收内化。传统的教学重视知识的传递,却往往忽视了知识的吸收内化。实践证明,同伴教学法恰好可以促进知识的吸收内化。在传统的讲授式教学过程中,知识信息的流动是单向的,既缺乏教师与学生之间的互动,又缺乏学生与学生之间的交流。而同伴教学法讲究的是同类人即学生之间的学习互助。马祖尔将此法应用于物理教学,通过小组内学生对物理概念的讨论,使学生参与到教学中,成为积极的思考者,以加强学生对基本概念的理解,提高学生的问题解决能力。随着信息技术的发展,出现了计算机辅助教学形式,知识传递的问题已经很容易解决了,所以马祖尔认为,教师的角色完全可以从演讲者变成教练,从传授者变为指导者,教师侧重指导学生的互助学习,促进学生对知识的吸收内化。

2000 年，莫林·拉赫（Mullin Lacht）、格伦·普拉特（Glen Pratt）和迈克尔·特雷格拉（Michael Tregula）发表了论文《颠倒课堂：建立一个包容性学习环境的途径》。文中谈到了美国迈阿密大学在开设"经济学入门"课程时采用翻转教学（当时称为"颠倒教学"或"颠倒课堂"）模式的情况，并着重谈到了如何使用翻转教学激活差异化教学，以适应不同学生的学习风格。不过，文中并未正式引出"翻转教学"和"差异化教学"这些概念。

J.韦斯利·贝克（J. Weissley Baker）在 2000 年第十一届大学教与学国际会议上提交了论文《课堂翻转：使用网络课程管理工具（让教师）成为身边的指导者》，文中提出了让教师成为"身边的指导者"，替代以前的"讲台上的圣人"，一时间成为大学课堂翻转运动的口号。教师使用网络工具和课程管理系统，以在线形式呈现教学内容，并给学生布置家庭作业。在课堂上教师更多地参与学生的主动学习活动和协作——这便是 J.韦斯利·贝克在论文中提出的"翻转课堂模型"。

2000 年秋季学期，威斯康星大学麦迪逊分校在一门计算机课程中进行了翻转教学改革，使用了 eTeach 软件进行流媒体视频（教师讲解与 PPT 演示相结合的视频）演示，以取代教师的现场讲座。放在网上的讲座视频允许学生在有时间并且注意力最集中的时候观看，同时还允许学生和教授用上课时间解决问题，增加师生之间的互动，这极大地提高了课程的应用性、便利性和使用价值。

2007 年，杰里米·斯特雷耶（Jeremy Strayer）在论文《翻转课堂在学习环境中的效果：传统课堂和翻转课堂使用智能辅导系统开展学习活动的比较研究》中论述了翻转课堂在大学的设置情况。作者在自己讲授的统计和微积分课程中，把教学内容录制成视频作为家庭作业分发给学生观看，课堂上再利用在线课程系统 Blackboard 的交互技术，组织学生参与到项目工作中。斯特雷耶在论文中谈到学生们会控制正在观看的视频，因此能保持机敏地接受新信息。

我们可以看出，早期的翻转课堂实践是在高等教育阶段的某一学科开展的初步尝试，希望借助视频帮助学生学习知识。也就是说，早期的翻转课堂实践尝试更多的是一种计算机辅助教学形式。其蕴含着的教育理念——促进学生之间互助互学、增加师生之间交流互动、促进学生对知识的吸收内化等，和以后发展的翻转课堂的教育理念是一脉相承的。

三、翻转课堂的价值

（一）有助于个性化学习和差异化学习

当前的班级授课方式最早来自夸美纽斯（Jan Amos Komenský）。班级授课制在提高教学效率方面的确发挥了重要作用，对教育普及做出了突出贡献。但是，班级授课制整齐划一式的教学也限制了学生的个性发展，教师难以照顾到每一位学生，容易产生先进生"吃不饱"、后进生"赶不上"的现象。

在翻转课堂模式下，教师将教学视频提供给学生，由学生自主进行观看和学习，使得学生的个性化和差异化学习得以实现。因为所有的教学内容都是录制下来的，有特殊需求的学生可以反复观看视频，直到能够掌握其中的内容。学生可以自己掌控学习进度，学生可以利用教学视频并根据自身情况来安排自己的学习。学生可以在图书馆、家里等地方观看教学视频，在轻松的氛围中学习，而不必像在课堂上教师集体教学时那样紧绷神经，担心遗漏什么，或因为分心而跟不上教学节奏。学生观看视频的节奏快慢全由自己掌握，懂的知识可以快进跳过，不懂的知识可以反复观看，也可停下来仔细思考或记笔记，甚至还可以通过聊天软件向老师和同学寻求帮助。

（二）构建互动环境，促进主动学习

翻转课堂虽然鼓励使用视频、在线平台等，但是并不是说这些就能取代教师。翻转课堂的魅力就在于它将知识传授部分放在了课前，将在线学习与面对面教育进行了完美结合，是混合教育的典范。翻转课堂中，教师把原来的知识传授放在了课前，增加了教师与学生在课堂上的互动与交流。这时，教师的角色更像课程导师，而不是简单的课程内容讲授者，可以有更多的机会去观察学生之间的交流情况。同时，学生在学习上互相帮助，不再单纯地依靠教师来学习知识。

四、翻转课堂教学模式在英语语音课实施的可行性

（一）英语语音课的课程特殊属性有利于翻转课堂教学模式的实施

自 19 世纪末以来，英语语音教学通常采用的是直觉模仿方式和分析语言方式。直觉模仿方式主要依靠学习者本身的能力，学习者通过听和模仿目的语的声音和节奏，进而学习语音。分析语言方式主要是利用发音描述、音位图解等语言分析手段帮助学习者

进行听、模仿和发音的练习。因此，英语语音课需要大量优质的模仿材料，需要音位图、口型图等辅助讲解手段，理论少、练习多，非常适合翻转课堂教学模式。首先，课前学习视频是采用多媒体技术制作的集图、文、声、像于一体的教学视频，能够用特写镜头或音位图、口型图等清楚直观地展示发音部位，能给学生提供更好的学习体验，比传统课堂更容易吸引学生的注意力。同时，由于教学视频可以暂停、后退，学生可以根据自己的实际水平调整学习进度，这有利于学生开展更有针对性的个性化学习。其次，语音技能需要大量优质的语音输入资源。翻转课堂模式下，除了教学视频，教师还在网络教学平台上提供练习资料，这些资料更丰富、更有针对性，也能更好地激发学生的学习兴趣和练习热情。

（二）必要的硬件基础与师生的自身条件保障翻转课堂教学模式的顺利实施

大学英语教学改革推行至今，基于多媒体和网络自主学习平台的大学英语教学模式在全国各地的高等院校中已经基本确立，这为实施翻转课堂教学模式提供了必要的硬件基础。在学生自学能力方面，有关调查显示，70%的学生都具备基本的自学能力，这说明大多数学生是可以开展自主学习的。在师资力量方面，有关调查显示，大部分高校的英语教师乐于并能够接受翻转课堂这种新的教学模式。同时，大学英语教学改革的推行使大学英语教师在课件制作、资源搜索以及多媒体资源的获取与处理方面具有较扎实的基础。以上研究表明，目前高校的教学资源和学习条件、教师自身的信息素养以及学生的自学能力等条件都为翻转课堂教学模式在英语语音课上实施提供了保障。

五、英语语音课翻转课堂教学环节的设计

翻转课堂教学模式非常适合英语语音课中模仿和实践的训练。在课下,学生通过微视频习得新的语音知识并完成模拟练习;在课上,教师引导学生学习,以实现学生知识的内化。英语语音课翻转课堂教学主要包括以下几个环节:

(1)构建完整的学习体系。为了学生课外自主学习得以顺利开展,教师在第一次导入英语语音课程时,就应将课程内容及重要知识点告知学生,使学生了解本课的教学目的、教学内容和教学步骤,遵从语言习得规律进行自主学习。

(2)讲解每个章节前,需设置课程导入。导入内容可以通过问答题的形式呈现,教师向学习者提出问题,以让学习者完成对主要知识点和关键概念的理解与记忆,引导学习者思考,激发学习者的内在动机。同时配以简单的语音课前摸底性测试,语音测试要紧密联系本节课所讲的知识点,让学生将所学到的理论知识运用到语音实践中,从而真正体现其语音水平,也有助于教师根据具体情况进行个别辅导。

(3)利用视频开展课外自主学习。视频以本节知识点的讲授为主要目标,通过精炼的 PPT 对发音原理及发音方法和要领进行讲解,利用 Flash 动画及音素教学视频等进行发音规律和区别的展示。每个视频都应配备相应的跟读、发音练习,以便于学生确认自己是否掌握了本节课所涉及的全部要点。

(4)通过以学生为中心的课堂教学活动,实现师生互动,促进知识内化。在英语语音教学中要提倡以学习者为中心的方法,以真实的任务、小组间的互动和反馈帮助学习

者成为具有批判思维的听者并培养他们注意和修正自己和他人错误的能力。

（5）通过课后练习，巩固学生的学习效果。通过知识点及章节小测，巩固与强化学生的学习效果。

六、影响英语语音课翻转课堂教学效果的关键因素

（一）视频的质量

翻转课堂提倡学生在课下进行自主学习。该学习方式不同于简单的课前预习，课下深入的自主学习是翻转课堂成功开展的前提，而视频质量的高低与自主学习效果的好坏密切相关。首先，视频的内容应囊括所学知识点并兼具一定的趣味性，能够吸引学生观看。其次，微视频要制作得精美流畅、操作简便，不能因技术等问题而挫伤学生的学习积极性。再次，微视频时间不宜过长，知识点的介绍要简单明了，便于学生接受。最后，微视频应具有较强的交互性，应采用互动模式，为学习过程中的交流与反馈提供方式与途径，以减少学生自主学习过程中可能产生的孤独感。

（二）个性化学习与互动学习的程度

英语语音教学本身就是一种个体目标取向十分明确的新教学模式，它鼓励学生在初步学习阶段利用数字化设备，根据自己的学习状况自行安排学习进度，选择知识，实施时间管理，进行个性化学习。例如，广东部分地区的学生受方言对英语的负迁移影响，英语发音不正确。例如，说粤语的学生存在词尾的吞音问题，潮汕学生难以区分 /ŋ/、/n/

和 /l/，客家学生难以区分 /ʃ/ 和 /s/ 以及 /v/ 和 /w/，每个学生的发音问题类型不一。针对这种情况，学生可以自主选择学习资源，反复进行练习。

翻转课堂的关键就在于课上互动学习所引起的吸收内化效果的提升。英语语音课教师常常抱怨课程时数少、班级人数多，发音要点讲解后，学生自主练习并与教师交流的时间非常有限。翻转课堂提供了更多的课堂时间，便于学生交流和分享，成功实现知识的内化，提高学生解决问题的能力。

加强交流互动，以个人发音练习、集体讨论发音方式方法和小组展示语音学习成果等多种形式加强知识内化。许多英语语音教师已在不同的互动学习方式上进行了积极的探索，对相关活动的组织也有一定的经验，这些经验为英语语音课堂的课堂活动设计提供了便利条件。

课堂活动的设计并无固定模式。例如，小组游戏（学生在小组游戏中通过竞争与评价获取知识）、教师演示（教师在课堂上进行示范或操作表演以激发学生的学习兴趣）、小组讨论（学生对学过的知识展开讨论，实现知识共享与交流）、生生反馈教学（让学生之间进行教学，并从同伴中得到反馈）以及小组角色表演（模拟一个与所学知识相关的真实场景，让学生扮演一定的角色）等。丰富多彩的课堂活动，不仅可以让学生学到知识与技能，还能调动学生的学习兴趣，培养学生的自主学习能力。

（三）定量与定性相结合的考核

目前，英语语音教学大多采用"笔试＋口试"的考核方式。笔试是以书面的形式检查学生对语音语调基本知识的掌握程度，口试则侧重考查学生语音语调的应用，由考官根据学生朗读或录音的情况评分。两种考核方式都存在明显的弊端：笔试对教学内容的考查较为片面；而口试则完全靠考官的主观听辨来判定，不同的老师评价尺度也会有所差异，可能造成对学生评价的不准确，从而影响学生的学习积极性。此外，通过单次的笔试或口试，无法对学生的整体学习情况和真实语音水平做出可靠的过程性评价。

英语语音翻转课堂的考核应采取定量与定性相结合，以促使学生真正地掌握英语语音知识和技能。其考核成绩应主要包括以下几个部分：①学生课下自主学习的情况。利用课程网络管理平台统计学生的参与情况，包括学生观看教学视频的次数、练习录音的时间等。②学生在课堂上的参与度。包括是否主动发言、积极提问等。③小组主题活动中学生的表现。其综合反映了学生真实的语音面貌，教师可根据小组活动汇报中小组成员的表现给予不同评价。

翻转课堂教学模式是对英语语音教学在理念、思路及方法等各方面的全新尝试。翻转课堂教学没有固定模板，英语语音翻转课堂教学没有固定模板，需要教师抛弃固有教学模式，不断去寻找课程特色、教学内容、教学风格、学生个体等与翻转课堂的契合点，从而开创有针对性的教学模式，实现教学成果的最大化。

七、英语语音翻转课堂教学模型

大学英语语音教学主要内容包括音段音位知识和超音段音位知识。传统英语语音课的教学模式是在15~18个课时内完成音段音位和超音段音位的所有内容的讲授、操练、反馈、检测等各个环节，但这样的教学模式既无法保证练习的强度，也无法有效监督、检测学生的学习效果,导致英语语音教学效果不佳。翻转课堂借助计算机网络技术将知识传授放在课外,而利用课内时间促使学生进行知识内化。这一教学模式能够解决课时不足、缺乏有效监督等现存问题。英语语音翻转课堂教学模型设计主要由课前教学视频学习、课堂反馈、课后线上交流三个相关联的环节组成。

(一)课前教学视频学习

英语语音课程课前教学视频以语音知识点的讲解和演示为主,主要包括音段音位知识、44个音素的讲解以及节奏、语调等超音段音位知识的讲解和练习。教学视频应该由教学经验丰富的教师在《大学英语课程教学要求》的指导下,结合本校学生的实际语音水平,借助互联网上的音像资源录制而成。这样的教学视频借助多媒体技术,集音、像、图、文为一体,难易程度适中。通过观看教学视频,学生既能清楚直观地掌握所学知识点,又因其丰富的表现形式而激发起更高的学习热情。因此,课前教学视频能够向学生提供比传统课堂更好的学习体验。

课前教学视频还有利于学生学习的碎片化、自主化和个性化,从而提高学生的学习效率。学生可以将教学视频下载到手机上,随时随地利用碎片时间进行学习。教学视频可以暂停、回放,学生可以结合个人具体情况自定进度,使学习更有针对性。教学平台往往会提供形式多样的音像视频,学生可以从中选择适合自己具体情况的进行练习。

(二)课堂反馈

反馈在第二语言学习中发挥着极为重要的作用。当学习者语言输出中有错误时,反馈可以为学习者提供更正性信息。情感上积极的反馈有助于激发学习者的动机，引发学习者产生积极的情感体验，从而促进其学习。反馈还能提高学习者的注意力，而注意力的提高亦有助于语言习得。然而，传统语音课堂由于课时有限，无法对学生的学习表现进行充分的反馈，因此学生的错误得不到纠正，学习得不到监督，导致学生的学习效率低下。翻转课堂教学模式很好地解决了这一问题。学生通过观看课前教学视频，自学了大部分课堂讲授的内容，留下了充裕的课堂时间进行语音诊断和反馈。教师可以对学生的错误进行纠正，对学生的进步进行表扬，使学生学习目标更明确，从而增强学生的学习信心和学习兴趣，提高学生的语音学习效果。

课堂反馈可以分为以下三个步骤：

第一，教师对学生课前教学视频学习中所出现的问题进行解决。语音知识虽然简单，但音段音位知识点容易混淆，而超音段音位的产出能力和学生的音乐能力相关，音乐能力不佳的学生可能不容易接受某些语音概念。因此，教师可以通过有针对性的讲解和演示，来消除学生的疑惑。

第二，教师还应对学生已学的语音知识和已经进行过的语音练习进行考查。考查内容既包括接受性测试如听力理解，也包括产出性测试如朗读练习，这样可以全面考查学生对各个层次的语音知识的掌握情况。

第三，课堂上除了进行测试，还应安排与语言交际活动相关的语音练习，如短剧表演、演讲比赛等。在这些活动中，教师可以引导学生将语音学习与语言交际结合起来，以提高学生学习语音的热情；教师也可以在活动中发挥其语音专家角色的作用，对学生的发音做出准确的诊断，纠正学生的语音错误。除了发现问题、纠正错误，教师还要利用课堂时间对学生已经取得的进步给予肯定，对学生的努力方向进行引导，使学生在教师的积极反馈中提升学习兴趣，增强学习动机，更好地提升语音学习的效率。

（三）课后线上交流

传统语音教学的一大缺陷就是由于课时的限制，无法在课堂组织太多的语言交际练习，导致语音学习和语言交际脱节，学生学习的动机较弱。但是，借助先进科学技术的翻转课堂教学模式可以弥补这一缺陷。翻转课堂教学模式所使用的网络教学平台具备录音以及播放各种音频和视频的功能，教师可以在平台上组建英语角，组织配音大赛、诗歌朗诵等活动。学生通过平台上的录音功能直接参与练习，不仅可以把学习到的语音知识用于语言交际，还可以与同伴进行交流，并互相点评语音表现，从而提高自己的语音能力。

八、翻转课堂教学模式在英语语音教学中面临的挑战

翻转课堂作为一种新型的教学模式，优点非常明显。在英语语音教学中，这种新型的教学模式极大提高了学生的学习积极性，克服了学生在英语语音课上羞于被纠音、正音的困扰，增强了学生的自主学习能力与语言应用能力。尽管翻转课堂有着自己独有的优势，但其在英语语音教学中也面临着巨大的挑战。

（一）固有观念难以改变

固有观念包括教师的教学观念和学生的学习观念。我国传统的教学模式长期以来都是以教师为主角，教师进行知识的传授，学生认真地听、记就可以完成学习任务。教师习惯了"满堂灌"，教学模式比较固定，接受一种新的教学模式需要一定的时间。而对于学生来说，他们只重视学习的结果，至于学习的过程是否充分发挥其主观能动性并没有那么重要，学生的学习思维模式固定在教师讲解尽可能多的理论知识，课后完成大量的练习题，考试得到高分上。所以，实施翻转课堂教学模式，首先要从改变固有观念入手。

（二）课前教学视频质量难以保障

翻转课堂教学模式需要教师在课前花大量的时间和精力制作教学视频。尽管大部分高校教师具备一定的信息技术能力，但为了激发学生学习的积极性，保证视频的趣味性，教师在制作视频时还需插入一些图片、音乐、电影片段等，这就对教师的信息技术能力提出了更高的要求。同时，教学视频除趣味性外还需结合英语语音课程的特点，采取理论与实践相结合的方式，覆盖知识的重点和难点，设计语音纠音训练等，这对教师的专业知识水平也是一大挑战。

（三）课前学生的自学效果难以保障

翻转课堂的核心理念就是体现以学生为中心的新型课堂组织形式，学生通过课前自主学习教学视频获取知识。尽管大部分学生有一定的自主学习能力，但是因为课前的学习没有老师的监管，没有了场地的限制，有些学生就放松了对自己的要求，再加上学生语音水平普遍较差，对语音知识的学习没有很大的兴趣，因而无法完成学习任务。如果课前学习的任务不能高质量地完成，课堂上的教学活动就无法达到预期效果，这就产生了恶性循环。因此，如何保障课前学生的自学效果，也是实施翻转课堂教学模式的一大难题。

翻转课堂有其明显的优势，但也存在一定的局限性。翻转课堂的实施应根据学校技术资源情况、生源情况、学科情况选择性地进行。即使通过一个学期的实践，证实在英语语音课上引入翻转课堂教学模式可行，但这也并不意味着要完全颠覆传统的教学模式。翻转课堂教学模式是对传统课堂教学模式的改进，采取因地制宜、灵活使用的方式，最终使其服务于教学，才是我们的目的所在。

第三节 多媒体技术在英语语音教学中的运用

英语不仅是一门语言学科，而且是一种主要的交际工具。在英语教学过程中，必须注重语音教学，倘若在英语语音教学过程中，忽视了基础发音的练习和语调的调整，那么将不利于情感表达和信息交流，更不利于英语整体教育水平的提高。进入信息时代以来，多媒体技术被广泛应用于各行各业、各个领域。英语语音教学过程中，应用多媒体技术，不仅有利于学生语音能力的提高，而且能够激发学生的创造性思维，达到培养学生主动性的目的，其意义十分重大。

一、多媒体技术应用到英语语音教学的优势

通过归纳、总结，笔者认为多媒体技术在英语语音教学中的应用优势主要体现在以下几个方面：

（一）有利于英语教师备课效率的提高

与传统教学模式相比，应用多媒体技术以后，英语教师能够从互联网上获取到更为丰富的教学资源。比如，通过搜索引擎，英语教师只需要输入关键词，便可以从互联网海量的信息中获取到自己想要的信息，再对下载下来的资料进行编辑加工，就能够形成一份完整的课件，从而提高备课效率。另外，英语教师可以将自己认为做得好的课件上传到互联网、多媒体平台，通过互动工具来实现教学资源共享，进而能够帮助其他教师和学生，从而产生共同进步效应。

（二）有利于课堂教学内容载体的丰富

传统英语语音教学过程中，基本是教师依赖于一本教材、一支粉笔和一块黑板，教材是唯一的教学内容载体。这种教学模式下，教学内容过于单一，进而会影响到整体的教学质量。通过应用多媒体技术，教师能够从互联网上获取丰富的音频、视频资料，并将其融入课堂教学内容，以达到刺激学生视觉、听觉的目的，并改变传统的学和看的模式。学生通过听觉来获取英语语音，通过视觉来观察语音变化，进而使整个教学过程更

简单、更流畅。

（三）有利于英语语音音准的调整

传统英语语音教学模式下，教师和学生的口语化问题较为严重，在英语语音学习、练习过程中受到方言的影响，教师的发音中难免会有本土化色彩。浓重的本土化口音会使发音不准，学生也同样会受到方言的影响。因此，通过应用多媒体技术，教师能够从网上寻找到语音训练音频、视频，用于课堂之上，便于学生英语语音水平的提高。

（四）有利于内容的反复练习

多媒体技术应用过程中，教师可以利用多媒体平台，为学生播放英语语音教学音频、视频。与传统教学模式相比，多媒体教学模式下，学生能够反复收听和练习英语语音，也可以根据自身需求，进行有针对性的听和看。

二、多媒体技术在英语语音教学中应用的特点

从表面上看，多媒体技术应用的对象和手段决定了其在高校各类课程教学中应用方式和方法的相同性，但由于英语语音教学的价值取向与其他课程不同，多媒体技术在英语语音教学应用中具有不同之处。

（一）构建英语语音多种媒体集成的教学资源

多媒体技术的集成性是其与传统媒体技术的区别之一，体现在对信息媒体的集成和处理这些媒体的设备与设施的集成上，是使用多媒体技术构建教学资源的价值所在。

英语语音教学资源特点如下：一是声音媒体的凸显性。声音是语音的基础，这使得声音媒体成为英语语音教学资源的主要媒体。二是应用媒体的多样性。除声音媒体外，还包括文字、图像、视频等媒体。三是媒体种类的组合性。例如，"文字＋声音""声音＋图像"和"声音＋视频"等，使语音教学资源由传统的"听觉"型转变为"视听"型。多媒体技术综合处理多种媒体的集成性，为构建英语语音教学资源提供了有力的手段。

（二）创建英语语音反复互动的教学方式

多媒体技术的交互性有助于教学互动，可以将教师教学与学生学习的读、听、练等活动进行整合，创建反复互动的教学方式。通过这种反复练习和互动交流过程，引导学生逐渐掌握语音。在英语语音教学中，由于语音练习的反复性，师生之间的互动不是一次性完成的，而是呈现反复互动的态势。例如，发音、辨音的教学，需要教师反复播放某一视频片段，与学生进行反复互动，经过多次反复模仿、纠音、练习，促使学生形成正确的语音、语流。在课堂教学中，教师通过对语音媒体资源进行操作，能够反复地展示语音教学的内容，并据此与学生进行互动，达到师生反复互动的目的。

（三）构建英语语音循环认知的教学过程

认知是在认知者的内部环境与外部环境的互动中涌现出来的。多媒体技术的实时性使其可以为学生实时提供各种学习资源，从而构建英语语音循环认知的教学过程。由于语音练习的反复性，教师在语音教学中应经常使用"示范—学生模仿—反馈纠正"的螺旋式的循环认知方式，构建英语语音循环认知的教学过程。在英语语音教学中使用多媒体技术，能更好地辅助教师组织循环认知的语音教学过程。学生在这种螺旋式的循环认知过程中，能不断加深对语音的感知、思维和记忆，从而提高语音能力。

三、多媒体技术在英语语音教学中的应用策略

研究表明，英语语音教学过程基本可以划分为三个阶段：一是教师讲解和指导阶段；二是学生学习和掌握阶段；三是信息反馈和纠错阶段。多媒体技术要应用到这三个基本阶段当中，只有这样，才能循环往复，并取得令人满意的英语语音教学成效。

（一）多媒体技术在教师讲解和指导阶段的应用策略

英语语音教学过程中，教师不仅需要发音准确，而且需要动作示范规范。由于英语语音教学以英语单词、句子的发音为主，如果出现发音不准，那么必然会给学生造成不良影响。目前，我国相当一部分地区的英语教学过程中，教师的方言气息较重、英语语音发音不准，这也对学生造成了一定影响。因此，将多媒体技术有效应用到教师的语音讲解和指导环节，教师通过多媒体平台来获取标准的发音音频、视频，作为一种辅助教学手段，能很好地解决这个问题。

（二）多媒体技术在学生学习和掌握阶段的应用策略

英语语音教学过程中，学生学习和掌握阶段同样有必要应用多媒体技术。学生可以从互联网上下载英语语音教学音频、视频，也可以通过专用设备进行音频、视频的制作。多媒体设备数量较多，价格普遍较低，不仅能够帮助学生学习英语语音知识，而且能够为英语老师提供丰富的教学资料。多媒体技术的应用，有利于学生英语语音

发音的规范化。

（三）多媒体技术在信息反馈和纠错阶段的应用策略

通过调查研究发现，绝大多数多媒体技术设施、设备都有一定的语音记忆、信息传递、错误反馈功能，并且能够判断教师、学生的发音是否准确，还能够根据语速、音段等检测信息。英语教师和学生可以利用多媒体技术及时发现语音教学中存在的问题，并做好改进工作。特别是对错误发音，教师要监督学生反复练习，以确保学生英语语音发音的精准。

四、以多媒体网络课件为基础的英语语音课堂教学

（一）教学媒体准备

语音实验室、多媒体网络课件。

（二）英语语音教学目标

使学生掌握英语音素发音；掌握英语音节结构，音素组合发音；掌握连贯、流畅的连接意群词语；掌握多音节词的重音模式；掌握单词的强读式和弱读式；掌握句子重音；掌握正确话语节奏规律；能正确、得体地使用语调；通过使用正确的语音语调，达到交际交流目的。

（三）课件内容

课件内容包括知识点讲解、技巧介绍、练习反馈、拓展练习等，生动直观地展示教

学内容，让学生听到、看到正确的发音，并且进行模仿和反复练习，采用自我监听、同伴监听或老师监听的方式进行正音。

下面以元音发音章节为例来说明多媒体网络课件内容的丰富性。

元音舌位图是元音发音部分的基础知识点，教材中往往通过图片的方式来展示这个知识（如图6-1所示）。

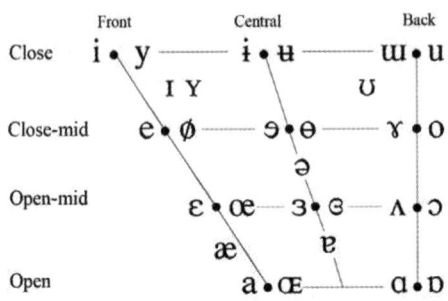

图6-1　元音舌位图

元音舌位图为倒梯形，图中左斜线梯形腰表示口腔的前部，直线腰表示口腔的后部，中间斜线表示口腔的中部，根据左边发音开口度大小可以看出圆唇位发音和非圆唇位发音。音素在图中所处位置与发音舌位、唇位密切相关。如果仅依靠教科书，则教师无法具体、直观地解释理论关键点，学生很难明白并记住这些基础知识。

以元音/i:/为例，教师在未利用多媒体网络课件时对其的讲解为：

舌位：舌身前部尽量抬向硬腭，在舌面和硬腭之间留一定的空隙，舌尖抵住前下齿，下颌略向下伸，使两齿分开。

唇型：两唇展开，拉向两侧的嘴角，展唇位。

面对这样的一系列讲解，学生无法直观地明白这些理论，更不用提准确的发音。

在多媒体网络课件中，可以设置添加动画形式的视频和音频效果来展示某个知识点。比如，在课程中加入音频和动画，使其成为动态动画发音图。元音发音梯图在其中动态展示，各个音素添加点击按钮，点击音素会跳出标准发音的视频、音频。学生可以直观地看到舌位和唇位的变化差异，这样也易于其理解知识点。还可以播放含有这组音素的歌曲、诗歌朗诵或者绕口令，语音音素中类似的音素组都可以采用这样的对比方式进行知识点展示。

教师统一讲解知识点后，学生根据各自的不同情况，选择重新温习语音发音基本知识，或是在拓展的资源材料中做语音练习等。

（四）教学形式

教师是学生实践的引导者和推动者。教师使用网络课件讲解，学生同步在课件上完成知识点的学习。之后，学生可以选择课件中的学习资源自主学习，也可以以小组形式来进行协作活动或比赛，逐一或分组进行动作口型演示，在课堂内进行训练实践环节。

（五）课后练习

学生在课后可浏览多媒体网络课件，通过自主录音练习来进行自查。课件中可以设置音频对比，即学生录音与标准发音音频的波形对比，这样，有利于解决学生的发音问题。

从建构主义理论来看，以多媒体网络课件为基础的课堂教学是一种从实际出发，基于学生认知心理，通过多媒体网络技术达到预期教学目标的全新教学模式。它可以激活枯燥、呆板的教学一言堂，把理论知识直观展示，达到学习者作为主体积极参与课堂活动的效果。学生不仅主动接收了语音知识，还积极参与了语音知识实践，从知识的被动接收者转为语音知识的主动作用者，实现了语音知识的意义建构。随着信息技术的飞速发展和广泛应用，多媒体网络课件会更多地应用于语言教学中来。目前的实践环节或许还存在需要解决的问题，但是运用多媒体网络课件的教学前景不可估量。

综上所述，多媒体技术在英语语音教学中的应用非常重要。在整个应用过程中，需要坚持以教师为主导，以学生为核心，以多媒体平台为导向。同时，英语语音作为英语课程教学的核心组成部分，其主导作用不可忽视。因此，在英语语音教学中引入多媒体技术，不仅有利于学生英语学习兴趣的培养，而且有利于英语语音教学成效的提高。

第四节 网络教学平台在英语语音教学中的运用

在目前的英语语音教学中，教师主要侧重发音方法的讲解和发音示范，强调学生进行模仿练习。近年来，出现了诸如王桂珍教授等开展的新世纪网络课程建设工程——英语语音网络课程。学生随时可以登录学习，一定程度上加强了学生英语语音语调的听辨训练，提高了学生的英语听说能力。但是，单纯地强调模仿学习，学生难以客观把握自己的发音情况，会使语音语调变得抽象和难以琢磨。

运用多媒体技术，可以将图像、文字、声音、视频等多种信息融为一体，充分调动学生的视觉、听觉等多种感官的处理功能；运用网络技术，可以使知识和信息的传播效率得到提高。为此，笔者力图探索一种应用软件工程方法，这是一种结构化方法，旨在识别系统中基本的功能模块。其目的在于提高软件质量的同时，提高其性价比，利用实验语音、音系学的相关理论和现代多媒体技术、网络技术，搭建一个适于英语专业语音语调教学和学习的网络平台，把英语语音语调学习变得具体化、可视化、动态化，从而克服语音模仿的盲目性。

一、英语语音网络教学平台的需求分析

学生在英语语音语调学习过程中，如果在听觉感知基础上按照音段的语图和语调的高低升降走势曲拱图进行练习和录音，将比自己发音的语图和语调的高低升降走势曲拱图更有针对性。那么如何运用现代技术手段取得曲拱图、视频或音频等信息传递语音及相关的反馈信息，对语音信息进行加工，延伸人的感觉器官功能，有效克服学生感觉器官的局限性，提高学生语音语调的习得能力，使英语语音语调习得效果的测量更客观、精细、准确呢？网络教学平台将满足人们的这些需求。教师与学生可以应用英语语音网络教学平台的双向反馈功能（反馈即将信息输出后所引起的反映又输送回来，并对信息的再输出造成影响的过程）进行双向交互。学生在网络平台上学习，教师通过网络平台指导学生。在交互学习过程中，学生的学和教师的教均不再转瞬即逝，而是以数据的形

式存储在网络数据库中，教师和学生通过网络平台可以查看学习进度。

二、网络教学平台的创新之处

鉴于高校英语语音教学中所存在的问题，有必要进行新型计算机辅助教学模式研究，探索有效的新教学方法，改进学生的英语语音学习方法，提高学生的听说能力和语言综合素质。

（一）建设网络语音课程

计算机辅助语言教学发展的历史已经证明，计算机极大地方便了语言的教与学。正如马克·沃沙尔（Mark Warschauer）所陈述的计算机的三个作用：它可以是一个导师，提供语言操练和技能练习；对于探讨与交流，可以是一个刺激因素；可以是书写和研究的工具。随着多媒体技术在个人计算机中的应用，计算机提供了丰富交流的语言环境，学习者可以再次构建他们自己的语言内容。语音教学资源绝不单纯是一本教科书，教学改革充分突出了计算机在辅助语言教学方面的功用，鼓励学生充分利用语音教室、网络课程平台实验室、同声传译室等现代化教学设施，使用项目构建型、形成性测试等教学方法，实现网络平台、多媒体和传统教学的紧密结合，满足本课程培养应用型人才的教学需要，使"教师为主导，学生为中心"的教学理念深入人心。

（二）改革传统学习模式，充分利用云端平台的海量资源

改革传统学习模式，充分利用云端平台的海量资源，有助于活跃课堂气氛，营造充

满激情的教学氛围,减少学生的焦虑,加强师生之间的互动,使学生将单调乏味的语音知识运用到真正的情景交流中去,在实践中强化英语语音知识的运用,并检验学习效果。

为了克服课堂教学的时空局限性,弥补课堂知识点讲授不能详尽的缺憾,云端平台上放置了详细的教案和参考资料及必要的拓展内容,供学生参考查阅。例如,放置了学生喜闻乐见的原声英文动画短片、名人演讲、BBC(British Broadcasting Corporation,英国广播公司)新闻等原声学习资料,同时配以适当的练习和测试,引导学生充分利用各种网络资源,进行自主学习。

(三)植入学习策略分析

为提高教与学的策略性,教师和学生应共同进行学习策略研究,学生应提高策略意识,特别是元认知策略意识。因为有了策略意识,学习的效率才能提高。有了元认知策略意识,才能更好地确立目标、制订计划,进行策略选择、自我监控、自我评价和自我调整,从而提高策略使用的有效性。运用复读和录音软件进行听写、辨音、慢速跟读、快速跟读、纠错复读等多环节的有针对性的练习,并在不同环节多次录音、反复比较英语发音的异同,进行循环上升式强化训练。元认知策略的培养,有助于提高学生的语音自主学习能力,使其能充分利用多媒体和网络资源进行自主学习,以弥补英语语音课时不足的缺陷。

(四)跟进最新评测技术

为突破教学评估机制的限制,英语语音课程改革突出强调了练习与测试,并通过平台直接反馈教学效果。不同于以往对学生只进行期末测试和只给出成绩的做法，每个授课单元都配套有练习与测试，尝试对学生的英语语音学习进行追踪测试。完善语音考核机制，对学生进行学前测评（Test 1）、形成性测试（Test 2）、期末考试（Test 3）和实训语音达标测试（Test 4），并对每次测试中每个学生的情况进行详细分析，记入语音学习档案，并及时反馈给学生，以增强学生自主学习的积极性。另外，对学生采用课堂内外的量化测试以及口头、笔头测试并用形式，使学生既能巩固学习效果，又能逐步提高口头表达的自然流利程度。

（五）加强学习效果反馈

为突破英语语音课程安排的局限，突出英语语音教学的连贯性，应建立学生语音档案，及时对学生的语音学习效果进行反馈。任何测试都会对教与学产生反拨作用。研究表明，动态评估机制提供了一种科学的、高信度的、高效度的语音评估手段和方法，对学生的学习态度、学习方法及学习效果，以及对教师的教学方法、教学质量的提高产生积极的反拨作用。通过追踪测试和建立详细的学生英语语音学习档案，可以完善对学生英语语音的考核机制，形成良性的、动态的反馈机制，让学生在学习中不断矫正自己的发音。其重点在于加强教学的实践性：在英语语音课程的教学中，理论的指导应尽量简明扼要，突出学生自主练习与教师的指导作用；加大平时考核在考试成绩中所占的比重，每个语音知识点都要做到科学测试、以考促学、以考促教；加强实践环节的建设，体现语音学习的长期性和渐进性。

三、网络教学平台功能模块的设计

（一）网络教学平台前台功能模块的设计

网络教学平台前台功能模块包括注册登录模块、课程资源模块、实验指南模块、视频信息模块、语音信息模块和反馈意见模块。

1. 注册登录模块

学生注册成为本网站的会员后，必须进行登录才能使用上传语音信息、下载视频信息等功能。

2. 课程资源模块

该模块由一些静态页面组成，包括课程简介、教材介绍、教学大纲、师资力量介绍、语音实验设备介绍等。

其中，课程简介主要是介绍语音语系学的基本理论、发展历史等，让学生了解课程的概况；教材介绍说明教学使用教材的内容及特色；教学大纲主要说明课程的教学目的及要求，列出课程内容及详细的学时分配情况；师资力量介绍主要说明任课教师的专业情况及联系方式；语音实验设备介绍主要说明录音设备的使用及注意事项、语音分析软件的使用方法等。

3. 实验指南模块

该模块设计的指导思想参照《现代教育技术——走进信息化教育》中信息化教案模板的 Intel Teach to the Future 单元设计模板，实验指南模板主要包括以下内容：

（1）实验单元标题。根据教学大纲和课程内容，按照单元组织学习和实验研究，安排英语语音语调网络教程。实验单元标题突出了拟解决的问题及重点。

（2）实验目标。学生进入语音实验模块后，首先明确通过这个实验将获得或学到什么。例如，能熟练掌握录音技术；获得应用 Praat 软件分析语音的能力；获得语音语调的相关理论知识；获得利用网络平台上传成果的信息处理能力；总结创建成果；阐明立场并进行说明；等等。

（3）实验过程。学习者完成实验需要遵循的步骤必须简明清晰，并明确在实验的每一步中需注意的事项及需排除的干扰因素。实验一般包括以下几个步骤：①观看视频教程，感受语音语调的魅力；②口语练习，融入情境；③运用录音设备录音，生成录音文件；④展示成果（录音文件）；⑤查看成果反馈，必要时可以阐明自己的立场并进行说明。

4.视频信息模块

该模块中的视频教程是教材内容的扩展与补充，教师可以将一些视频教程发布到网上，供学生观摩、学习。

5.语音信息模块

学生发布语音成果前，必须首先登录系统，在实验指南指导下，参考相关视频信息，完成一系列的实验操作，生成自己的语音信息后，再发布到网络平台上的语音信息模块。

6.反馈意见模块

教师查看学生发布的语音成果后，提出自己的意见，以反馈表的形式储存在数据库中。学生能够实时查看反馈意见模块，由此来调整自己的语音语调。

学生进行语音实验的流程如图 6-2 所示，其间涉及以上功能模块。由此可见，各功能模块不是孤立的，而是相辅相成的。

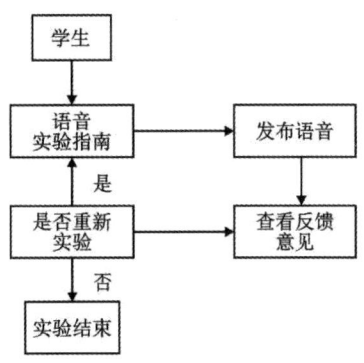

图 6-2 语音实验的流程图

（二）网络教学平台后台功能模块的设计

1.后台功能模块的结构

教师通过后台功能模块，实现管理控制语音实验和用户功能。后台功能模块主要包括语音实验指南管理模块（添加或删除实验指南功能）、管理语音实验模块（删除语音和反馈功能）和用户管理模块（锁定用户或解除用户锁定功能）三个子模块。后台功能模块需要应用数据库技术进行管理。

2.数据库设计

一个成功的管理系统是由50%的业务和50%的软件组成，而50%的软件又是由25%的数据库和25%的程序组成。所以，数据库设计是实现后台功能模块作用的关键，是系统开发中最重要的部分。

本网络教学平台数据库系统使用的实体对象为用户实体、视频信息实体、音频信息实体、反馈信息实体、实验单元名称实体和实验指南实体。数据库包含6张表，每个实体对应一张表，分别是用户信息表、视频教程表、语音实验表、反馈表、实验单元名称表、实验指南表。用户信息表主要存储用户的相关信息，如用户名、密码、身份证号、用户是否被锁定等；视频教程表存储的是视频文件名称、视频文件路径、视频文件点击率等相关信息；语音实验表存储了语音文件的路径、曲拱图图片的路径、说明内容等信息；反馈表主要存储教师的反馈内容、曲拱图图片存储路径等相关信息；实验单元名称表主要储存语音实验或视频教程所对应的实验单元名称；实验指南表存储的是实验指南文档的存储路径。

四、网络语音语料库在英语语音教学中的应用

（一）以学生为中心，语音教学形式多样化

网络语音语料库的建立和使用，改变了传统语音教学单一的自上而下的教学模式，语音课堂教学将以学生为中心，以"整体教学为辅，分级自主训练为主"而展开。一方面，在进行语音知识学习和训练技巧学习时，课堂整体教学必不可少：教师可充分利用语料库的快捷检索技术，即时搜索语境化的语音信息作为课堂演示、教学讲解和课后学生自主学习的素材，支持课堂语音教学。另一方面，教师可以对教学内容和学习素材进行分级，在语料库中制成不同主题和级别的特定列表，有目标、有重点地让学生进行分级自主语音训练；同时也可以根据语音水平将学生分级，使其进行自主训练，通过实践环节因材施教；也可两者结合进行自主训练，更具体、更有针对性地提高学生综合运用语音知识和技能的能力，提高学生的自主学习能力，提高语音教学的实际效果，最终形成一个良性的英语语音学习氛围。

（二）语音教学语境化、趣味化

由于语音学习的特殊性，网络语音语料库（生语料库）以大量真实语音作为教学素材，在最真实、自然的语境中，让学生身临其境地感受到英语语音语调的变化规律。这种自然的语境化教学方式，可极大地激发学生学习英语语音的兴趣和热情，利于学生学到地道的英语语音语调。此外，网络语音语料库以网络资源为其强大的语料来源，不仅最大限度地弥补了传统语音教学中学生语料摄入不足的问题，而且其丰富的语料储备为开展形式多样的语音训练提供了有利的条件。如朗诵、对话、诗歌、演讲、游戏、英文歌曲、电影对白、角色扮演和情景剧等趣味化的语音操练，既可以活跃课堂的学习气氛，调动学生的积极性，也可以让学生充分感受英语语音语调的魅力，增强对英语语音学习的兴趣。

（三）教与学的目标定制个性化

一方面，在语音语料库中，教师可根据语音学习理论设计不同级别、不同形式的训练内容和训练模式，让学生进行分级自主训练，满足不同层次学生的个人学习需求。整个学习过程以学生为中心，教学内容、教学难度和训练模式与学习者的学习兴趣和语音水平相适应，极大地满足了学习者的个人需求。另一方面，学生学习语音的过程也是语音语料库的建设过程，即学生在学习过程中，计算机将记录下学生的全部学习活动（如学习时间、次数、学习内容、数量、质量和反馈等），同时向学生提供大量可选择的语音训练语料，帮助学生建立自己的个性化的语料库进行语音训练。这种个性化的语料库是动态的，学生可以随时修改自己的个性化学习计划。

英语语音网络教学平台的建设是对英语课堂教学的延伸，是传统教学的辅助工具。为达到预期的教学效果，除英语语音网络教学平台提供的丰富教学资源、优秀的人机交互性能外，还有教师自控系统和学生自控系统这两个相互联系又相对独立的系统。只有当这两个自控系统都能主动利用反馈来控制和矫正自己的输出信息时，才能维持教学的动态平衡。为此，要求起主导作用的教师必须明确教学要求，实时有效传递学习反馈信息，注重培养学生主动进行自我分析、自我监察、自我鼓舞、自我调整、自我定向控制的能力，真正提高英语语音的学习效果。

第五节　多元互动立体化模式在英语语音教学中的运用

在英语教学中，语音教学是基础，强化语音教学对英语教学有着至关重要的作用。但是在大学英语语音教学中，仍然存在着许多影响英语教学开展的问题，而如何更有效地开展英语语音教学，夯实学生的英语基础，也成为各大高校亟须解决的问题。笔者在分析了英语语音教学过程后认为，多元互动立体化模式顺应时代发展，有助于改变传统的、单一的教学模式。

一、多元互动立体化模式在英语语音教学中运用的必要性

在教学活动中，教师可根据具体情况采取相应的改善措施，通过采用创新型的教育理念，促进学生英语语言知识的学习，加强学生对英语语言知识的应用，并进一步促进英语教育事业的发展。

传统的英语语音教学实际上是"正音练习"，即通过大量的听辨、模仿和教师的不断纠正，使学生形成对目的语的语言感知。但是在大量的听辨模仿练习中，学生的语音学习往往被动、机械，学生难以积极主动地进行语音训练，只能通过"感觉"来分辨自己和音频材料中的发音的差别，这会阻碍学生的语音训练。教师对学生进行过多的正音训练，可能会使学生产生焦虑、紧张、害怕等消极情绪，甚至对语音学习产生抵触情绪，从而不愿意模仿，不愿意开口，这会严重影响语音学习效果。《大学英语课程教学要求》指出"各高等学校应充分利用现代信息技术，采用基于计算机和课堂的英语教学模式，改进以教师讲授为主的单一教学模式。新的教学模式应以现代信息技术，特别是网络技术为支撑，使英语的教与学可以在一定程度上不受时间和地点的限制，朝着个性化和自主学习的方向发展。"多元互动立体化教学模式以学生为中心，充分发挥计算机多媒体的优势，实现教学过程的多元素互动，能够在推进英语语音教学改革、提高英语语音教学效率、优化英语语音教学效果等方面起到积极作用。

二、多元互动立体化模式的优点

（一）充分发挥计算机多媒体的优势，激发学生的学习动机

多媒体语音软件集声音、文字、图表、动画等于一体，能够提供灵活有效的语音练习方式，刺激学生的各种感官，激发学生的学习兴趣，有利于改善枯燥的课堂气氛，促使学生主动探索、主动发现。

（二）有利于创造良好的学习氛围，培养学生的积极情感

美国心理学家斯蒂芬·克拉申（Stephen D. Krashen）提出的情感过滤假说指出，语言输入必须经过情感过滤，才能真正为学习者所吸收，学习者学习动机强烈、比较自信、焦虑程度低，情感过滤就少，语言输入的吸收量就多，反之，语言输入的吸收量就会减少。作为成年人，大学生在英语学习过程中受到的情感因素的影响比儿童更多。多元互动立体化模式避免了课堂上出现过多的教师直接纠正，恰当运用同伴反馈和机器反馈，尽量创造轻松、愉快的氛围，降低学生的焦虑程度，有助于减少情感过滤，改善教学效果。

（三）有助于培养学生的自主学习能力

研究表明，在英语语音教学中对学生进行学习策略训练，有助于提高学生的学习效率和效果，减少学生语音学习的盲目性，促进对学生自主学习能力和创新能力的培养。同时，合作学习小组、语音软件、网络平台的应用，有助于学生自主管理学习活动，养成持续自觉地改善语音的习惯，培养自主学习能力。

三、多元互动立体化模式在英语语音教学中的具体运用

（一）语音教学的元素

多元是指语音教学中不仅包括教师、学生、教材三元素，还应包括多媒体、语音软件、网络平台等元素。传统的教学过程中仅包括教师、学生、教材三元素，容易使学生感到疲倦乏味，影响教学效果。多元互动立体化模式中，增加了多媒体、语音软件、网络平台等元素，有助于改善教学环境，吸引学生的注意力，增强学生语音学习的兴趣。

（二）互动环节

互动是指采取以学生为中心的教学方式。多元素融合互动包括师生互动，合作学习小组的生生互动，学生与多媒体、语音软件、网络平台之间的人机互动。

1.重视师生互动

教师要摆脱以讲授语音知识为主的语音教学模式，以学生为中心，注重与学生的互动交流，引导学生多进行实践、模仿。

2.成立语音合作学习小组，实现生生互动

在（视）听说课上，教师要根据学生的语音状况，对班级学生进行分层，按照"组间水平相当，组内层次多样"的原则，让学生组成语音合作学习小组。将语音训练与口语教学结合，引导学生进行听辨、朗读、模仿、组员互相正音等多种语音活动，使语音水平不同的小组成员互相帮助、互相监督、取长补短、共同提高。

3.运用计算机多媒体技术，实现人机互动

以计算机为代表的多媒体技术能为外语学习者带来多重感官刺激，给他们的学习效

果和记忆带来积极的影响。近年来，国内外不少语言研究机构和教学科研人员都致力于开发语音分析软件，如 Praat、Speech Analyzer、WaveSurfer、BetterAccent Tutor 等。这些语音分析软件提供录音、保存、分析等功能，可以对语音进行可视化处理，显示波形、基频、能量等可视化界面，能够让学生更直观地观察到他们的语音语调与英语母语者，或其他英语使用者之间的差异，摆脱凭感觉找差异的"印象派"做法。在英语语音教学中，教师可适当运用语音软件，对学生的语音语调进行机器反馈，以便于学生模仿和掌握正确的语音语调。目前国内不少视听说教程的网上学习系统也设计了人机互动的语音练习，在网上学习系统中，学生可以提交自己的录音，电脑会自动生成学生录音和录音原文两个波形图。通过对比，学生可以直观地了解自己的不足之处。

（三）立体化构成

立体化指突破传统意义上的单纯的语音知识传授和训练，把技能训练（语音知识、语音学习策略的传授）、应用能力培养（语音与听力理解、口语表达的结合）和素质培养（自主学习能力的培养）结合起来，全面提高学生的语音意识、语言应用能力及自主学习能力。

1.语音知识传授与语音学习策略训练相结合

教师在教学过程中，除了传授语音知识，还可以向学生介绍常用的语音学习策略，以外显的方式教给学生何时、为何、如何使用学习策略，让学生学会选择恰当的学习策略，自主调节语音学习，改善语音学习效果。

2.语音教学与听说教学相结合

语音教学是英语教学的基础环节，其目的是促进学生英语应用能力，尤其是听说能力的提高。大学英语教学课时紧张,因此教师可以把语音教学与听力、口语教学有机地结合起来。教师一方面要向学生介绍语音在听力理解、口语表达中的作用,使学生意识到语音学习的重要性和必要性;另一方面要在教学中随时发现影响听力理解、口语交流的语音问题,有针对性地解决问题,使语音切实为听力理解、口语交流服务,让语音教学更具有现实意义。

3.通过语音教学培养学生的自主学习能力

教学模式的改变不仅是教学方法和教学手段的变化,说到底是为了培养学生的自主学习能力。成立合作学习小组,应用网络平台和语音软件,可以帮助学生增强主体意识,使学生进行自我分析、自我评价,改变学生被动学习的倾向,培养学生的自主学习能力。

参 考 文 献

[1] 安静.英语语音与演讲[M].北京：知识产权出版社，2015.

[2] 陈彦华.英语语音语调基础理论与实践研究[M].北京：中国商业出版社，2019.

[3] 邓东元，张兵，郑艳萍.大学外语教育改革研究[M].昆明：云南人民出版社，2013.

[4] 符丽芳.教学理论研究与实践[M].西安：陕西科学技术出版社，2009.

[5] 何超群.基于英汉语音对比的听力教学研究[M].北京：煤炭工业出版社，2017.

[6] 胡洪春，胡红英."双一流"建设背景下的传媒教育研究[M].北京：中国传媒大学出版社，2018.

[7] 李永才，廖绒绒.英语比较语音学[M].北京：人民日报出版社，2015.

[8] 秦小怡.英语语音技能教程.3版[M].北京：北京语言大学出版社，2015.

[9] 汪文珍.英语语音[M].上海：上海外语教育出版社，1999.

[10] 王丽.英语语音课堂教学技能与实践[M].北京：九州出版社，2020.

[11] 王轶普.多元环境下英语语音教学改革创新研究[M].长春：东北师范大学出版社，2019.

[12] 韦汇余，周薇.英语语音技能教学与训练[M].南京：东南大学出版社，2014.

[13] 吴美兰.大学英语教育的教学方法和探索[M].天津：天津科学技术出版社，2018.

[14] 许立红，金洋琼.体验式英语语音教学设计[M].成都：西南交通大学出版社，2017.

[15] 赵学武.从英语语音走进英语世界[M].昆明：云南大学出版社，2008.

[16] 朱利勇，闫冰，胡卫卫.现代英语语音教程[M].成都：西南交通大学出版社，2018.